Lennart Marxen

Sonderziehungsrechte

Ein Mittel gegen globale Ungleichgewichte?

Bachelor + Master
Publishing

Marxen, Lennart: Sonderziehungsrechte. Ein Mittel gegen globale Ungleichgewichte?,
Hamburg, Diplomica Verlag GmbH 2012
Originaltitel der Abschlussarbeit: Das Ende der Dollar-Dominanz?: Reformpotentiale von
Sonderziehungsrechten zur Lösung des Reservewährungsland-Problems

ISBN: 978-3-86341-449-8
Druck: Bachelor + Master Publishing, ein Imprint der Diplomica® Verlag GmbH,
Hamburg, 2012
Zugl. Universität Trier, Trier, Deutschland, Diplomarbeit, August 2009

Bibliografische Information der Deutschen Nationalbibliothek:
Die Deutsche Nationalbibliothek verzeichnet diese Publikation in der Deutschen
Nationalbibliografie; detaillierte bibliografische Daten sind im Internet über
http://dnb.d-nb.de abrufbar.

Die digitale Ausgabe (eBook-Ausgabe) dieses Titels trägt die ISBN 978-3-86341-949-3
und kann über den Handel oder den Verlag bezogen werden.

Dieses Werk ist urheberrechtlich geschützt. Die dadurch begründeten Rechte,
insbesondere die der Übersetzung, des Nachdrucks, des Vortrags, der Entnahme von
Abbildungen und Tabellen, der Funksendung, der Mikroverfilmung oder der
Vervielfältigung auf anderen Wegen und der Speicherung in Datenverarbeitungsanlagen,
bleiben, auch bei nur auszugsweiser Verwertung, vorbehalten. Eine Vervielfältigung
dieses Werkes oder von Teilen dieses Werkes ist auch im Einzelfall nur in den Grenzen
der gesetzlichen Bestimmungen des Urheberrechtsgesetzes der Bundesrepublik
Deutschland in der jeweils geltenden Fassung zulässig. Sie ist grundsätzlich
vergütungspflichtig. Zuwiderhandlungen unterliegen den Strafbestimmungen des
Urheberrechtes.

Die Wiedergabe von Gebrauchsnamen, Handelsnamen, Warenbezeichnungen usw. in
diesem Werk berechtigt auch ohne besondere Kennzeichnung nicht zu der Annahme,
dass solche Namen im Sinne der Warenzeichen- und Markenschutz-Gesetzgebung als frei
zu betrachten wären und daher von jedermann benutzt werden dürften.

Die Informationen in diesem Werk wurden mit Sorgfalt erarbeitet. Dennoch können
Fehler nicht vollständig ausgeschlossen werden, und die Diplomarbeiten Agentur, die
Autoren oder Übersetzer übernehmen keine juristische Verantwortung oder irgendeine
Haftung für evtl. verbliebene fehlerhafte Angaben und deren Folgen.

© Bachelor + Master Publishing, ein Imprint der Diplomica® Verlag GmbH
http://www.diplom.de, Hamburg 2012
Printed in Germany

Inhaltsverzeichnis

Abkürzungsverzeichnis I
Tabellenverzeichnis II
Abbildungsverzeichnis III

1   Einleitung 1
   1.1 Problemstellung 1
   1.2 Vorgehensweise 2

2   Grundlagen 4
   2.1 Begriffsabgrenzungen 4
   2.2 Gründe zur Haltung von Währungsreserven 7
   2.3 Geschichte der Währungsordnung 8
   2.4 Das Triffin-Dilemma 13

3   Problemstellung des Systems der Weltwährungsreserven 15
   3.1 Globale Ungleichgewichte 15
      3.1.1 Situation 15
      3.1.2 Erklärungsansätze 19
      3.1.3 Kosten des gegenwärtigen Systems 22
      3.1.4 Verbindung zur Finanzkrise 26
   3.2 Notwendigkeit einer Reform 27

4   Reformvorschläge und Analyse 32
   4.1 IWF Sonderziehungsrechte 32
   4.2 Keynes' Bancor-Plan 36
   4.3 Stiglitz' „global greenbacks" 37
   4.4 Vorschlag Chinas 39
   4.5 Schuldner-Gläubiger-Beziehung 41
   4.6 Zukunft der Sonderziehungsrechte 42
      4.6.1 Gestaltungsmöglichkeiten 43
      4.6.2 Potentiale und Probleme 46
      4.6.3 Wertdeckung 51
      4.6.4 Stand der Diskussion 52
   4.7 Kritische Würdigung 55

5   Fazit 59

Anhang 61

Literaturverzeichnis 65

Abkürzungsverzeichnis

ABS	Asset Backed Securities
BIP	Bruttoinlandsprodukt
BIZ	Bank für Internationalen Zahlungsausgleich
BoE	Bank of England
BRIC	Brasilien, Russland, Indien und China
BWS	Bretton-Woods System
CATO	Center for Global Liberty & Prosperity
CDO	Collateralized Debt Obligation
CNY	Chinese Yuan
ECU	European Currency Unit
ETF	Exchange Traded Fund
EWU	Europäische Wirtschaftsunion
EZB	Europäische Zentralbank
Fed.	Federal Reserve Bank
FSB	Financial Stability Board
FSF	Financial Stability Forum
ICU	International Clearing Union
IWF	Internationaler Währungsfonds
NIIP	Net International Investment Position
NICU	New International Clearing Union
NOE	Netto Ölexportländer
NPA	Note Purchase Agreement
PBoC	People's Bank of China
RMB	Renminbi
SDR	Special Drawing Right
SZR	Sonderziehungsrecht
RdW	Rest der Welt
T-Bill	Treasury Bill
USD	US-Dollar
WTO	World Trade Organization

Tabellenverzeichnis

Tabelle 1: Offizielle Komposition der Währungsreserven 12
Tabelle 2: Bestand an Währungsreserven 19
Tabelle 3: Zunahme der Währungsreserven und Bestand Ende 2007 23
Tabelle 4: Potentiale und Probleme einer SZR-Aufwertung 51

Abbildungsverzeichnis

Abbildung 1: Internationale Währungsreserven 5
Abbildung 2: Leistungsbilanzsalden 17

1 Einleitung

Allein im Juni 2009 sind die chinesischen Währungsreserven um 42 Mrd. $ angewachsen und überschreiten mit nun 2,13 Bill. $ (Stand: Juli 2009) erstmals die Marke von zwei Billionen US-Dollar (PBoC, 2009). Diese immensen Währungsreserven werden auf dem amerikanischen Finanzmarkt in Staats-anleihen investiert und so der Konsum in den USA finanziert. Der berühmte US-amerikanische Ökonom und Nobelpreisträger für Wirtschaftswissenschaften Joseph Stiglitz ist einer der größten Kritiker des heutigen Systems der Weltwährungsreserven. Er spricht von einer

> „[...] selbstzerstörerischen Logik des gegenwärtigen Systems, die dazu führt, dass sich das Reservewährungsland immer tiefer verschuldet, bis sein Geld schließlich keine solide Reservewährung mehr ist [...]"
>
> Joseph Stiglitz (2006, S. 328)

Die vorliegende Arbeit befasst sich mit den vorherrschenden Problemen des gegenwärtigen Systems und konzentriert sich auf die Reformpotentiale von Sonderziehungsrechten (SZR) als Lösungsbeitrag zur derzeitigen Währungsreserven-Problematik.

1.1 Problemstellung

Der amerikanische US-Dollar (USD) ist gegenwärtig die dominierende Währung in der globalisierten Weltwirtschaft. 80 % aller Transaktionen auf den globalen Finanzmärkten werden in USD vollzogen. Zudem sind die weltweiten Währungsreserven zu etwa zwei Dritteln in US-Dollar denominiert. Er ist damit zur weltweiten Leitwährung geworden. Die Emission einer Leitwährung durch einen einzelnen Staat führt dazu, dass dieses Leit- und Reservewährungsland ein Zahlungsbilanzdefizit aufbaut, wenn es den Rest der Welt (RdW) mit ausreichend Liquidität versorgt. Die Folgen davon sind die in den letzten Jahren angestiegenen globalen Ungleichgewichte der Zahlungsbilanzen sowie ein rascher Anstieg an Währungsreserven. Dieser Zusammenhang wird in der vorliegenden Arbeit als das Reservewährungsland-Problem bezeichnet.

Die Dominanz einer nationalen Währung sowie die damit verbundene Abhängigkeit des RdW von der US-Geldpolitik wird seit einiger Zeit immer wieder kritisch hinterfragt: zuletzt von Zhou Xiaochuan, Vorsitzender der chinesischen Zentralbank People's Bank of China (PBoC), kurz vor dem Treffen der G20 Staaten in London. Zhou fordert eine internationale Reservewährung, die einen stabilen Wert aufweist, für die reglementierte Ausgaberegeln existieren und deren Angebot flexibel steuerbar ist, um ein stabileres Finanzsystem zu erreichen.

Durch die 2008 aufgekommene Finanzmarktkrise kamen Forderungen auf alle Regularien, die für die globalen Finanzmärkte von Bedeutung sind, zu überprüfen. Durch den Vorstoß Zhou's hat diese Diskussion eine neue Dimension mit Fokus auf die Weltwährungsordnung bekommen. Als Basis einer Reform sieht er die vom Internationalen Währungsfonds (IWF) emittierten Sonderziehungsrechte. Vorschläge dieser Art sind keineswegs neu. Bereits John Maynard Keynes hatte in den 1940er Jahren die Vorstellung einer internationalen Verrechnungseinheit gehabt, die im Laufe der derzeitigen Reformdiskussion wieder aufgegriffen wurde. Die bereits erwähnten Ungleichgewichte lassen die Vorschläge Keynes' aktueller denn je erscheinen. Im Folgenden wird der Frage nachgegangen, ob der chinesische Reformvorschlag – nämlich die SZR aufzuwerten – das Potential besitzt das vorhandene Ungleichgewicht aufzulösen und damit das Reservewährungsland-Problem zu beheben.

1.2 Vorgehensweise

Um der Beantwortung dieser Frage näher zu kommen, wird zunächst auf die dafür notwendigen Grundlagen eingegangen. Diese bilden die Basis für ein tieferes Verständnis der vorhandenen Problematik und die Entwicklung von Lösungsvorschlägen. Gerade die Darstellung der historischen Entwicklung fördert ein solches Verständnis. Es wird gezeigt, dass bisher noch kein optimales System gefunden wurde und sich die frühere Leitwährung, der Sterling zu einer unbedeutenden Währung entwickelt hat. Im dritten Kapitel werden die Problematiken des derzeitigen Systems dargestellt und der Bedarf an Verbesserungsvorschlägen aufgezeigt. Hier stehen die Ungleichsituation der Zahlungsbilanzen und das damit verbundene Anwachsen der globalen Währungsreserven in einigen Volkswirtschaften im Vordergrund. Anschließend werden verschiedene Erklärungsansätze der entstandenen Situation vor- und gegenüber gestellt und abschließend dargestellt warum es notwendig ist eine Reform des gegenwärtigen Systems zu diskutieren.

Im vierten Kapitel liegt dann der Fokus auf den Sonderziehungsrechten und es werden die Reformvorschläge der chinesischen Zentralbank vorgestellt, nachdem auf die historischen Vorlagen auf denen diese basieren eingegangen wurde. Zunächst wird die Entwicklung der SZR und deren Rolle im heutigen System beschrieben, um anschließend darauf einzugehen wie das Internationale Währungssystem auf Basis der Ideen von Keynes aussehen könnte. Keynes' Ausführungen wurden v. a. von dem zu Beginn zitierten Joseph Stiglitz ausgebaut und im Laufe der letzten Jahre immer wieder aufgegriffen. In der politischen Diskussion ist es dann China, das mit auf wirtschaftlichem Erfolg gewachsenem Selbstbewusstsein Reformen im Währungssystem fordert. Der darauf folgende Punkt ist der Beziehung von Schuldner- und Gläubigerstaaten gewidmet. Anschließend liegt der Fokus auf die mögliche Zukunft der vom IWF emittierten Sonderziehungsrechte. Hier werden die Gestaltungsmöglichkeiten der SZR nach den Vorstellungen Stiglitz' und Chinas auf der Basis von Keynes' Ideen thematisiert. Die verschiedenen Ansätze Sonderziehungsrechte in ihrer Bedeutung aufzuwerten und wie sich ein solch ausgestaltetes System auf die im dritten Abschnitt aufgezeigten Probleme auswirken könnte wird darauf aufbauend erläutert und analysiert. Nachfolgend wird der aktuelle Status dargestellt und die Frage nach einer Wertdeckung von SZR geklärt. Auf eine Analyse von möglichen Schreckensszenarien wird verzichtet. Vielmehr erfolgt eine Darstellung und kritische Würdigung der Potentiale und Risiken, die eine SZR-Aufwertung nach sich zieht. Abschließend werden im fünften und letzten Kapitel die in dieser Arbeit aufgezeigten Erkenntnisse zusammengefasst und ein abrundendes Fazit gezogen.

Der Fokus dieser Arbeit liegt auf der Darstellung, Untersuchung und Bewertung eines Währungssystems, indem Sonderziehungsrechten eine größere Bedeutung zukommt. Dabei steht die gesamtwirtschaftliche Sicht im Vordergrund und nicht die Analyse der politischen Realisierbarkeit. Auf die besondere Thematik die Sonderziehungsrechte zur Entwicklungshilfe zu nutzen wird weitgehend verzichtet.

2 Grundlagen

Im folgenden Abschnitt werden die Grundlagen dargestellt, die für das tiefere Verständnis der aufgetretenen Ungleichgewichtssituation und der existierenden Problematik der Währungsreserven notwendig sind. Dazu werden zunächst eine Erläuterung und Abgrenzung von den im weiteren Verlauf verwendeten Begriffen vorgenommen, ehe dann die Motive einer Volkswirtschaft zum Aufbau von Währungsreserven dargestellt werden. Um aus den in der Vergangenheit „erfolglosen" Systemen der Währungsordnung zu lernen und die aktuellen Reformdiskussionen richtig einordnen zu können, wird in Abschnitt 2.3 auf die historische Entwicklung der Währungsordnung und die veränderte Bedeutung verschiedener Währungen eingegangen. Anschließend erfolgt die Erläuterung des Triffin-Dilemmas, das die problematische Abhängigkeit der Vertrauensbildung in eine nationale Währung beschreibt. Dieses Dilemma offenbarte sich bereits im Bretton-Woods System (BWS) und scheint auch heute noch Gültigkeit zu besitzen.

2.1 Begriffsabgrenzungen

Sonderziehungsrechte werden vom IWF als „international reserve asset, created by the IMF in 1969 to supplement its member countries' official reserves" definiert (IMF, 2009f). Noch zu Zeiten des Bretton-Woods System wurde durch die Allokation von SZR die Weltwirtschaft mit zusätzlicher Liquidität versorgt und so einer Dollar-Knappheit begegnet. Alle am Währungsfonds teilnehmenden Staaten erhielten gemäß ihrer Quote einen Teil der Zuteilung. Im Zeitraum von 1970-1972 wurden 9,3 Mrd. SZR und von 1979-1981 12,1 Mrd. SZR ausgezahlt. Zu dieser Zeit betrug der Anteil von SZR an den globalen Währungsreserven (exklusive Gold) ungefähr 9,5 %. Seither gab es keine weiteren Allokationen mehr. Die Sonderziehungsrechte verloren an Bedeutung und spielten bis heute keine nennenswerte Rolle mehr. Zum Ende des IWF-Geschäftsjahres 2008 beliefen sich die weltweiten Währungsreserven (inklusive Gold) auf 4,7 Bill. SZR, davon entfielen lediglich knapp unter 0,02 Bill. Auf die Haltung von tatsächlichen SZR, was einem Anteil von knapp 0,4 % entspricht (Williamson, 2009, S. 2).

Unter *Weltwährungsordnung* wird grundsätzlich der institutionelle Rahmen verstanden, der für eine möglichst effiziente Allokation von Arbeit und Kapital notwendig ist und zum Erreichen volkswirtschaftlicher Ziele wie einen hohen Beschäftigungsgrad und ein stabiles Preisniveau beiträgt. Zentrales Problem einer Weltwährungsordnung ist der Umgang mit der Frage, inwieweit einzelne Staaten bereit sind, eigene wirtschaftspolitische Ziele zu vernachlässigen, um international aufgestellte und gültige zu akzeptieren und zu befolgen (Siebert & Lorz, 2006, S. 302).

Durch die *Leitwährungsfunktion* des USD ergibt sich für US-amerikanische Unternehmen und Banken der Vorteil in heimischer Währung kalkulieren zu können. Die Risiken von Wechselkursänderungen trägt das Ausland. Durch die Dominanz des Dollars, hinsichtlich Wechselgeschäften und Reservevorkommen, wird die Nachfrage nach der Leitwährung USD weiter erhöht (Betz, 2002, S. 8). Trotz der aktuellen Finanzkrise ist der US-amerikanische Finanzmarkt immer noch der weltweit am besten ausgebaute. Er besitzt die meisten Anlagemöglichkeiten und wird als sicherer Hafen („safe heaven") für Finanz-anlagen bezeichnet.

Währungsreserven sind Auslandsaktiva. Gegenwärtig sind dies meist US-Schatzbriefe – so genannte Treasury Bills (T-Bills) – die vor allem deshalb gehalten werden, weil sie als besonders liquide gelten, also im Bedarfsfall leicht veräußert werden können. Abbildung 1 zeigt die momentane Komposition der globalen Währungsreserven.

Abbildung 1: Internationale Währungsreserven

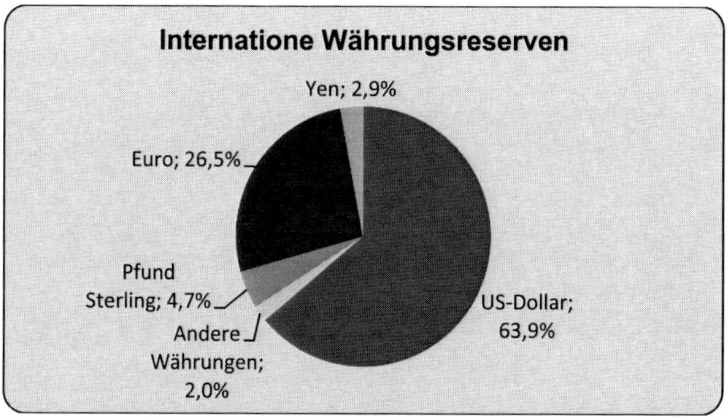

Quelle: (IMF, 2009e, S. 2, Appendix I)

Sie verdeutlicht eindrucksvoll die herausragende Stellung des USD, der knapp zwei Drittel der internationalen Währungsreserven ausmacht. Lediglich der Euro mit einem Anteil von gut einem Viertel an der Gesamtmenge hält gegenüber dem USD einen erwähnenswerten Anteil. Danach folgen das Pfund Sterling mit 4,7 % und der japanische Yen mit 2,9 %. Die verbleibenden Währungen nehmen zusammen genommen nur noch einen Anteil von ca. 2 % ein.

In der vorliegenden Arbeit wird vom *System der Weltwährungsreserven* gesprochen, obwohl genau genommen kein solches System existiert. Der Begriff beschreibt vielmehr die derzeitige Lage der Währungsordnung. Die Dominanz einer nationalen Währung – nämlich die des US-Dollars – als Leitwährung führt zu einem hohen Leistungsbilanzdefizit in diesem Land, um den steigenden Bedarf an Währungsreserven und Liquidität im Rest der Welt, insbesondere in den aufstrebenden Volkswirtschaften Asiens, befriedigen zu können. Der genaue Zusammenhang wird im weiteren Verlauf dieser Arbeit beschrieben.

Leistungs- und *Handelsbilanz* werden in dieser Arbeit als identisch angesehen. Zur Vereinfachung werden die Salden der laufenden Übertragungen und der Erwerbs- und Vermögenseinkommen vernachlässigt.

Um das Verständnis für die in 3.1.2 geschilderten Erklärungsansätze zu erhöhen werden einige Zusammenhänge kurz skizziert: In einer offenen Volkswirtschaft entspricht der Saldo der Leistungsbilanz (LBS) der Ersparnis privater Haushalte und Unternehmen (S(HH)), sowie der des Staates (S(St)) abzüglich der Investitionen (I).

Gleichung (1) gibt diesen Zusammenhang wieder.

(1) $LBS = S(HH) + S(St) - I$

Bei einer globalen Betrachtung beträgt der Saldo aller Volkswirtschaften (Ges tiefgestellt) Null, da einem Überschuss immer ein entsprechendes Defizit gegenübersteht.

(2) $LBS_{Ges} = S(HH)_{Ges} + S(St)_{Ges} - I_{Ges} = 0$

Um die gegenwärtige Situation des Systems der Weltwährungsreserven mit einzubeziehen, wird zwischen den Reservewährungsländer (R tiefgestellt) und allen anderen Ländern (N tiefgestellt) unterschieden. In Summe ergibt der LBS wieder null.

(3) $LBS_{Ges} = LBS_R + LBS_N = 0$

Aus den vorstehenden Gleichungen ergibt sich nun für das Reservewährungsland folgendes.

(4) $LBS_R = S(HH)_R + S(St)_R - I_R = -LBS_N = S(HH)_N + S(St)_N - I_N$

Der Saldo des Reservewährungslandes (LBS$_R$) entspricht damit dem Saldo der RdW (LBS$_N$) mit umgekehrtem Vorzeichen (Greenwald & Stiglitz, 2006, S. 2 f. veränderte Notation). Weisen die USA ein großes Defizit auf, muss der RdW einen entsprechend großen Überschuss haben und vice versa.

2.2 Gründe zur Haltung von Währungsreserven

Für die Haltung bzw. den Aufbau von Währungsreserven einer Notenbank gibt es mehrere Gründe, von denen die wesentlichen im Folgenden dargestellt werden. Ein zentraler Faktor ist die Beeinflussung von Wechselkursen (Wechselkurs-Management). In einem System fester Wechselkursparitäten kann dieser durch den An- oder Verkauf von Devisen (Devisenintervention) verteidigt bzw. die Volatilität des Kurses abgeschwächt werden. Um sich diese Möglichkeit offen zu halten, sind ausreichende Devisenreserven notwendig. Ebenso können in einem System flexibler (floatender) Wechselkurse Währungsreserven zur Beeinflussung eines bestimmten Niveaus eingesetzt werden. Ein weiterer Aspekt der Reservehaltung ist die Möglichkeit durch die aufgebauten Reserven einer Volkswirtschaft die eigene Kreditwürdigkeit, die Bonität, auszuweisen bzw. zu erhöhen. Des Weiteren dienen die Reserven als Puffer in Krisenzeiten zur Finanzierung von Importen über einige Monate hinweg. Zudem sind Devisenreserven eine Art der Vermögenshaltung zu deren Gunsten auf den Aufbau von Sachvermögen zumindest teilweise verzichtet wird. Die Akkumulierung von Devisenreserven aus diesem Grund wird als Vorsichtsmotiv, oder „self-insurance" bezeichnet (Muchlinski, 2009, S. 157).

Diese „self-insurance" spielt für die in der vorliegenden Arbeit thematisierte Problematik eine besondere Rolle, da gegenwärtig insbesondere Entwicklungs- und Schwellenländer ihre Währungsreserven aus diesem Grund unverhältnismäßig ausbauen. Einige aufstrebende Länder vor allem Asiens nutzen ihre Reserven als Absicherung gegen eine Währungskrise und investieren nach Liquiditätsüberlegungen in hoch-liquide US-Schatzwechsel. Des Weiteren versuchen sich diese Volkswirtschaften durch den vermehrten Aufbau von Devisenreserven vor einer zu großen Abhängigkeit gegenüber dem IWF, deren Kreditvergabe grundsätzlich an Auflagen verbunden ist, zu schützen. Negatives

Vorbild sind jene Staaten, die aufgrund der Asienkrise Ende der 1990er Jahren auf Kredite seitens des Internationalen Währungsfonds angewiesen waren.[1]

Obwohl es über die optimale Höhe von Währungsreserven keine Einigung gibt und diese über die Zeit hinweg schwanken, lässt sich laut Stiglitz (2006, S. 309) als Faustregel "im Interesse einer umsichtigen Risikovorsorge" formulieren, dass ein Land zumindest im Stande sein sollte, seinen Verbindlichkeiten für Importe über ein paar Monate hinweg nachkommen zu können. Hierzu werden dann Reserven aufgelöst. Die „Bank für Internationalen Zahlungsausgleich" kommt in ihrem 77. Jahresbericht zu dem Schluss, dass mehr Gründe als eine reine „Liquiditätsüberlegung" eine Rolle bei der Akkumulierung spielen. Nach dem Stand von Ende 2006 wäre Russland für 20 Monate und China für 16 Monate in der Lage, ihre Importe durch Währungsreserven zu finanzieren (BIZ, 2007, S. 109). Nach der Greenspan-Guidotti Regel sollten die Währungsreserven so hoch sein, dass die in einem Jahr fälligen Auslandsschulden getilgt werden können. Währungsreserven und Auslandschulden sollten also in einem Verhältnis von 1:1 stehen (Greenspan, 1999).

Mit dem Halten von Währungsreserven sind zudem Opportunitätskosten verbunden, da eine Zentralbank alternativ zum Halten von Reserven Erträge aus der Bildung von Sachvermögen ziehen kann. Die Erträge aus der Haltung von Währungsreserven (z. B. Zinsen auf T-Bills oder die Aufwertung der Devisen) müssen von den möglichen Alternativerträgen subtrahiert werden, um die Nettoalternativkosten für das Halten von Währungsreserven zu errechnen. Somit ergibt sich eine Möglichkeit die Höhe von Währungsreserven zu evaluieren (Muchlinski, 2005). Rodrik definiert die durch die Akkumulation von Währungsreserven entstehenden Kosten als den „Spread" (die Differenz) zwischen den Zinsen, die dem privaten Sektor für kurzfristige Kredite entstehen und dem Zinssatz, den die Zentralbank auf ihre liquiden ausländischen Vermögenswerte erhält (Rodrik, 2005, S. 7).

2.3 Geschichte der Währungsordnung

Das internationale Währungssystem bildet die institutionellen und rechtlichen Rahmenbedingungen, um den freien multilateralen Verkehr von Waren, Dienstleistungen und Kapital zu gewährleisten. Basis dafür ist die Konvertibilität, die

---

[1] Zu „self-insurance" siehe Feldstein, M., "A Self-Help Guide for Emerging Markets", Foreign Affairs, March/April 1999, der die mathematischen Hintergründe für den Strategiewechsel nach der Asienkrise liefert.

Möglichkeit, die eigene Währung gegen jede andere auszutauschen (Adebahr, 1990, S. 391).

Um die gegenwärtigen Vorschläge verstehen und einordnen zu können, ist es notwendig, die Entwicklung der Währungsordnung im Laufe der Geschichte zu kennen. Beginnend mit dem Goldstandard erfolgt ein kurzer Überblick über die Entwicklung des Systems, mit der jeweiligen Leitwährung.

Im Jahr 1821 ging das Vereinte Königreich als erste Nation zum Goldstandard über. Zwischen etwa 1880 und 1914, in der Zeitspanne, die als klassischer Goldstand bezeichnet wird, schlossen sich alle bedeutenden Volkswirtschaften diesem Währungsstandard an, so bereits 1879 auch die USA. Vor allem seine Kolonialpolitik machte das Vereinte Königreich zur größten Weltwirtschaftsmacht jener Zeit. Das Pfund Sterling wurde zur Weltreservewährung und die britische Zentralbank, die Bank of England (BoE), gewann an Bedeutung. Der herrschende Standard war von der Solidarität der Staaten getragen und nicht durch einen multilateralen Vertrag. Es „war das erste international gültige Währungssystem mit partieller Golddeckung des Papiergeldes" (Handler, 2008, S. 3 f.). Die teilnehmenden Staaten fixierten Paritäten ihrer eigenen Währung zu Gold. Sie garantierten den An- oder Verkauf von Gold zu diesem Preis durchzuführen. So entstand ein System fester Wechselkurse. War der existierende Leistungsbilanzüberschuss eines Landes größer als der Kapitalbilanzüberschuss (ohne Währungsreserven) werden die Exporte nicht vollständig durch eigene Kredite finanziert. Folglich muss ein Teil durch Währungsreserven finanziert werden. Somit fließt Gold in das Land mit der überschüssigen Leistungsbilanz und erhöht dessen Geldmenge, was wiederum einen Anstieg des Preisniveaus zur Folge hat. Da es im Goldstandard feste Wechselkurse gab, folgte automatisch eine reale Aufwertung der inländischen Währung, was wiederum zu einer Nachfrageverschiebung führte, die sowohl den Überschuss, als auch das Defizit verringerte. Langfristig führte dies zu einem Zahlungsbilanzgleichgewicht (Krugman & Obstfeld, 2006, S. 686 f.). Die Nachteile dieses Systems lagen in der fehlenden Autonomie der Zentralbanken sowie in der starken Abhängigkeit von der Förderung bzw. der Existenz von realem Gold. Entsprach die Goldproduktion nicht der Höhe des Handelswachstums entstand eine Liquiditätslücke. Dieses Problem hatten die goldproduzierenden Staaten nicht. Sie konnten somit eine eigenständige Geldpolitik fahren (Rose, 1995, S. 2). Während dieses Währungsstandards war das britische Pfund Sterling die einzige (neben Gold) bedeutende Reservewährung. Der US-Dollar spielte eine untergeordnete Rolle. Es gab (noch) keine US-amerikanische Zentralbank und der Dollar wurde für internationale Transaktionen kaum genutzt. Im Jahr 1899 wurden 64 % der offiziellen Devisenreserven in Sterling gehalten. Der Francs machte 16 % und die Mark 15 % aus. Von 1860 bis zum Ende des Goldstandards lauteten 60 % der Rechnungen im internationalen Handel auf Sterling (Eichengreen, 2007, S. 131 f.). Für das Ende des Goldstandards sorgte der erste Weltkrieg, in dessen Verlauf die immensen Rüstungsausgaben nicht mehr durch eine ausreichende Goldproduktion kompensiert werden konnten. Dies war zugleich der Beginn einer Wachablösung in der Leitwährungsfunktion, da der Sterling an Bedeutung verlor und der USD mit der im Jahr 1913 gegründeten amerikanischen Zentralbank, der Federal Reserve Bank (Fed), parallel dazu immer mehr an Bedeutung gewann. In der Zeit zwischen den beiden Weltkriegen kehrte Großbritannien noch einmal zum Goldstandard zurück. Da der Goldpreis aus der Zeit vor dem Krieg beibehalten wurde, verlor das Land durch einen überbewerteten Sterling jedoch weiter an Wettbewerbsfähigkeit. Es folgte eine "unruhige" Zeit mit Hyperinflation in Europa und der Weltwirtschaftskrise in den 1930er Jahren. 1933 scheiterte eine Währungskonferenz in London mit der Folge, dass sich daraufhin die wichtigsten Industriestaaten auf ihre nationalen Interessen fokussierten. Lediglich die USA kehrten zum Goldstandard zurück. Dies taten sie mit einer starken Dollarabwertung bis auf einen Goldpreis von 35 $ je Feinunze Gold. Erst der zweite Weltkrieg und seine Folgen führten zu einer Suche nach einem international gemeinschaftlichen neuen Weltwährungssystem (Handler, 2008, S. 4 f.). Robert Mundell resümierte bei seiner Verleihung des Nobelpreises, dass ausgerechnet die Fed – die unerfahrenste unter den Zentralbanken – die Möglichkeit besaß den Goldstandard zu beenden (1999, S. 6).

Bei der Währungskonferenz im Juli 1944 in Bretton Woods, New Hampshire (USA), trafen sich die Vereinten Nationen und beschlossen die Gründung des Internationalen Währungsfonds IWF sowie eines neuen auf festen Wechselkursen zum US-Dollar beruhenden Währungssystems. Da die teil-nehmenden Staaten die Möglichkeiten hatten bei der Fed. ihre Reserven in Gold (Preis für eine Feinunze blieb unverändert bei 35 $) zu tauschen, wird auch von einem Gold-Dollar-Standard oder nur Dollar-Standard gesprochen. Der USD entwickelte sich zur bedeutendsten Reservewährung und übernahm die Rolle des Pfund Sterling. Als Restriktion einer autonomen Geldpolitik ist die Verpflichtung zu werten, dass der Goldpreis bei 35 $ verbleiben musste. Somit war es den USA nicht möglich eine zu expansive Geldpolitik zu betreiben, da diese den Goldpreis verändert hätte. Zudem mussten die Vereinigten Staaten garantieren jederzeit Dollar in Gold zu tauschen. Um Währungsreserven auf einem adäquaten Niveau zu akkumulieren, häuften die Notenbanken Dollar an, da das weltweite Goldangebot nicht mit dem Wachstum des Welthandels Schritt halten konnte. Das System beruhte somit auf Vertrauen in den USD bzw. die Geldpolitik der Fed. Die Nachkriegszeit war von Dollarknappheit geprägt. Wegen kaum möglicher Kapitalbilanztransaktionen und schwer zugänglichen ausländischen Krediten waren die Zentralbanken gezwungen im Falle eines Defizits Währungsreserven abzubauen. Die Bereitschaft dazu fehlte jedoch weitestgehend, da die Notenbanken die Reserven zur Fixierung des Wechselkurses hielten (Krugman & Obstfeld, 2006, S. 697 ff.). Der US-Dollar geriet immer häufiger in Schwierigkeiten, die zu einer Flucht aus dem Dollar und somit starken Goldabflüssen führten. Das Vertrauen in die Währung sank und mehrere Nationen tauschten ihre Dollarreserven in Gold um. Im August 1971 endete der offizielle Goldmarkt, da es von Seiten der USA keine Bereitschaft mehr gab Dollarreserven anderer Notenbanken in Gold umzutauschen. Das endgültige Ende des BWS erfolgte im März des Jahres 1973, als das System der festen Wechselkurse – die Basis des BWS – aufgehoben wurde (Adebahr, 1990, S. 409 ff.). Die USA stellten ihre Gegenspieler vor die Wahl entweder die ansteigenden US-Preise zu importieren oder das Festkurssystem aufzugeben. Die teilnehmenden Volkswirtschaften waren nicht mehr bereit hohe Inflationsraten, die vom Reservewährungsland USA ausgingen, zu importieren und ließen die Wechselkurse frei floaten. Nun wurde deutlich, dass das System darauf beruhte und nur so lange funktionieren konnte wie das Reservewährungs-land willens war die eigenen wirtschaftspolitischen Ziele in den Hintergrund zu stellen und zum Wohle der Weltwirtschaft zu handeln (Krugman & Obstfeld, 2006, S. 717 f.). Die amerikanische Fiskal- und Geldpolitik richtete sich jedoch nicht nach den Erfordernissen des internationalen Währungssystems. Dennoch entwickelte sich der USD zum sicheren Hafen für Finanzanlagen (Mundell, 1999, S. 7).

Heute herrscht ein System weitgehend flexibler Wechselkurse. So schwanken die Kurse zwischen den bedeutendsten Währungen US-Dollar, Euro, Yen und Pfund Sterling frei. Der entscheidende Unterschied zum BWS liegt in der großen Bedeutung von internationalen Kapitalbewegungen, die stark zugenommen (Siebert & Lorz, 2006, S. 292 f.) und die Dominanz des USD weiter gestärkt haben. Bei fast 90 % der globalen Wechselgeschäfte ist der Dollar auf einer der zwei Transaktionsseiten, der Euro erreicht hierbei 37 %, der Yen 20 % und das Pfund Sterling 17 % (Siebert, 2006, S. 3).

Tabelle 1 zeigt die historische Entwicklung der Komposition von Devisenreserven. Nach dem Ende des BWS 1973 war der USD mit 84,5 % die fast einzige Reservewährung. Lediglich die Deutsche Mark (DM) und das Pfund Sterling hatten mit 6,7 %, bzw. 5,9 % einen nennenswerten Anteil an globalen Reserven. Innerhalb der letzten Dekaden hatte der USD mit 71,5 % im Jahr 2001 seinen Spitzenwert. Seitdem ist sein Anteil fallend und beträgt momentan knapp zwei Drittel. Diese leichte Umschichtung erfolgt zu Gunsten des Euros, der sich direkt nach seiner Einführung an die zweite Position hinter den Dollar schob und mittlerweile gut ein Viertel der weltweiten Devisenreserven ausmacht. Er ist damit bedeutender als es zuvor die einzelnen europäischen Währungen zusammen genommen waren. Auffällig ist zudem die sinkende Bedeutung des japanischen Yen und des britischen Sterlings, die mittlerweile nur noch knapp 3 % bzw. knapp 5 % ausmachen. Alle übrigen Währungen nehmen zusammen nur einen Anteil von weniger als 2 % ein.

Tabelle 1: Offizielle Komposition der Währungsreserven

	1973	1987	1995	2001	2007
US Dollar	84,5 %	66,0 %	56,4 %	71,5 %	63,9 %
Euro				19,2 %	26,5 %
Deutsche Mark	6,7 %	13,4 %	15,8 %		
Pfund Sterling	5,9 %	2,2 %	2,1 %	2,7 %	4,7 %
Yen		7,0 %	6,8 %	5,0 %	2,9 %
ECU		5,7 %	8,5 %		
Andere Währungen		3,4 %	4,8 %	1,3 %	1,8 %

Quelle: IWF

Das gegenwärtige System wird auch als „Non-System" bezeichnet, da es weder ein internationales Abkommen noch einen Vertrag gibt, auf dem das Währungssystem beruht.

Eine andere Beschreibung des derzeitigen Zustandes liefern die drei US-Ökonomen Michael Dooley, David Folkerts-Landau und Peter Garber, die 2003 den Begriff „Bretton-Woods II" geprägt haben. Ihrer Auffassung nach ist das heutige Währungssystem eine Anlehnung an das ursprüngliche BWS u. z. wegen der halb-offiziellen Wechselkursanbindung der Peripherie-Länder an den US-Dollar. Die Peripherie bilden einige Staaten Asiens (v. a. China), Lateinamerikas und die Netto Ölexporteure (Dooley, Folkerts-Landau, & Garber, 2003). Mehr zu der vorherrschenden Situation und den Auswirkungen in Gliederungspunkt 3.1.

2.4 Das Triffin-Dilemma

Das bereits erwähnte Vertrauensproblem gegenüber der Reservewährung im Bretton-Woods System ist auch als Triffin-Dilemma bekannt. Der Ökonom Robert Triffin stellte 1960 fest, dass die zunehmenden Währungsreserven der ausländischen Zentralbanken mit einem Anstieg der Dollareinlagen einhergingen und die Goldreserven der USA nicht ausreichen würden, diese zu decken und einzutauschen zu können. Gesetzt den Fall, alle ausländischen Notenbanken würden ihre Dollarreserven zur gleichen Zeit in Gold eintauschen, würde dies zum Zusammenbruch des BWS führen (Krugman & Obstfeld, 2006, S. 709).

Triffin zeigte auf, dass eine internationale Reservewährung, die von der dominierenden Volkswirtschaft emittiert wird, inhärente Instabilität aufweist. Zum einen ist es für ein Land nur dann möglich Netto-Dollar Assets zu akkumulieren, wenn das Reservewährungsland ein Zahlungsbilanzdefizit aufweist. Zum Anderen hat das emittierende Land einen Vorteil an autonomer Geldpolitik, die sie dem Rest der Welt aufoktroyieren kann. Die Gründe dafür sind, dass die Staatsanleihen und T-Bills als sicherste Anlagen der Welt gelten und das amerikanische Zinsniveau im Vergleich zu anderen Ländern relativ unabhängig von Wechselkursen des Dollars zu anderen Währungen macht (Ocampo, 2007, S. 3).

Das Wachstum von nationalen Währungen ist nicht ausreichend, um die entstandene Liquiditätslücke zu füllen (Triffin, 1960, S. 70). Das Dilemma für die USA und den RdW lag somit in der Wahl zwischen zwei nachteiligen Alternativen: Entweder a) die USA stoppen das wachsende Leistungsbilanz-defizit, was zu einer Unterversorgung der Weltwirtschaft mit Liquidität führen würde, oder b) sie führen das Defizit fort. Dies sorgt dann für einen Verlust des Vertrauens in den USD bzw. in dessen Goldkonvertibilität, was das gesamte System ins Schwanken brächte. Triffin's Vorschlag, um einen Ausweg aus diesem Dilemma zu finden war die Einführung eines neuen Reservemediums, das den USA helfen sollte ihr Leistungsbilanzdefizit abzubauen und gleichzeitig Liquidität für den Rest der Welt zur Verfügung stellt. Aus diesem Lösungsvorschlag entstanden die Sonderziehungsrechte des IWF (Handler, 2008, S. 11).

Aus den unterschiedlichen Gründen zum Halten von Währungsreserven steht in der gegenwärtigen Situation besonders das Vorsichtsmotiv der aufstrebenden Volkswirtschaften z. B. Asiens im Vordergrund. Zudem wurde gezeigt wie sich die Stellung einer Währung im Laufe der Geschichte verändern kann. Das Pfund Sterlings hat seine ehemalige Vormachtstellung an den US-Dollar verloren. Dieser ist seit Beginn des BWS die Leitwährung der internationalen Währungsordnung und damit die Hauptreservewährung. Die Erfahrung zeigt, dass es keine garantierte und unbefristete Vormachtstellung einer Währung gibt, da das Triffin-Dilemma ein systemimmanentes Problem darstellt und auch in ursächlichem Zusammenhang mit der aktuellen Wirtschaftskrise steht.

3 Problemstellung des Systems der Weltwährungsreserven

Im vorangegangenen Abschnitt wurden theoretische Grundlagen gelegt und die Entwicklung der Währungsordnung im letzten Jahrhundert aufgezeigt. Im folgenden Kapitel geht es darum, die Grundprobleme des derzeitigen Systems herauszuarbeiten. Der erste Teil befasst sich mit der seit Jahren ansteigenden Ungleichgewichtssituation in den Zahlungsbilanzen der Volkswirtschaften und der damit verbundenen Akkumulierung immenser Währungsreserven einiger Staaten. Die Erörterung der Frage, wie hoch die Notwendigkeit ist das bestehende System zu reformieren, am Ende dieses Kapitel bildet dann die Basis und den Übergang zu den unter Punkt 4 behandelten Reformvorschlägen.

3.1 Globale Ungleichgewichte

Zahlungsbilanzen können aufgrund der doppelten Buchführung zwar nicht ungleichgewichtig sein, in der Literatur hat sich die Bezeichnung eines *Ungleichgewichts* für die anhaltende Situation jedoch etabliert. Bleibt der Blick auf die Teilbilanzen Leistungs- und Kapitalbilanz. Nach einer Deskription der gegenwärtigen Lage erfolgt eine Vorstellung der verschiedenen Erklärungs-ansätze zu deren Entstehung. Darauf aufbauend werden die Kosten, die mit der jetzigen Ausgestaltung des Systems der Weltwährungsreserven verbunden sind, aufgezeigt. Gerade Stiglitz sieht in „Die Chancen der Globalisierung" allein in diesen ausreichende Argumente für eine Reform des Systems. Im dritten Teil wird die Verbindung zur allgegenwärtigen Finanzmarktkrise hergestellt. Es soll und kann nicht die Frage geklärt werden, in wieweit die Ungleichsituation tatsächlich zur Krise beigetragen hat. Allerdings besteht die Notwendigkeit den möglichen Einflussfaktor der Ungleichgewichte auf die Finanzmarktkrise zu erörtern, um die Tragfähigkeit der herrschenden Situation einschätzen zu können.

3.1.1 Situation

Die USA bilden mit dem Dollar als dominierende Währung das Zentrum des gegenwärtigen internationalen Währungssystems. Der starke Konsum in den

Vereinigten Staaten hat das weltweite Wachstum in den 1990er Jahren getragen und beschleunigt. Die USA fungierten als „consumer of the last resort", wovon der RdW profitierte (Muchlinski, 2009, S. 156). Dem gegenüber stehen die Staaten der Peripherie, die nun nicht mehr aus nur einem Block bestehen. Der Peripherie werden vor allem Staaten Asiens und Lateinamerikas zugeordnet, ebenso wie Netto Ölexportländer und einige Volkswirtschaften Mittel- und Osteuropas. Das entwickelte Europa kann als ein weiterer Block gesehen werden, der jedoch weder dem Zentrum, noch der Peripherie zuzuordnen ist. Ein Block innerhalb der Peripherie sind Brasilien, Russland, Indien und China, die als BRIC-Staaten zusammengefasst werden. Die BRIC-Staaten weisen im Gegensatz zur westlichen, industrialisierten Welt hohe Wachstumsraten[2] auf. In der Literatur, vor allem aber auch in der akademischen Diskussion, wird besonderes Augenmerk auf das bilaterale Verhältnis von den Vereinigten Staaten von Amerika zur Volksrepublik China gelegt. Die Bilanzen beider Staaten sind gegenwärtig ökonomisch eng miteinander verflochten. Die Volksrepublik China weist hohe Sparquoten auf und fördert das eigene Wirtschaftswachstum durch eine „export-led growth"-Strategie, bei der dem Export die konjunktur-treibende Wirkung zukommt. Die chinesische Währung, der Renminbi (RMB)[3], ist an einen Korb gekoppelt, der die Währungen der Handelspartner widerspiegelt. Es herrscht Konsens darüber, dass der Renminbi zur Exportunterstützung durch die chinesische Regierung unterbewertet ist. Die Schätzungen über das Ausmaß der Unterbewertung gegenüber dem USD schwanken und reichen bis zu 25 % des jetzigen Renminbi Wertes. Durch den „billigen" Renminbi werden Importe für das Ausland aus China günstiger und die Nachfrage nach Exportgütern steigt. Die USA hingegen weisen eine niedrige Sparquote auf. Amerikanische Haushalte leben sozusagen über ihre Möglichkeiten und finanzieren den übertriebenen Konsum über Kredite. Dadurch ergibt sich ein Doppeldefizit (twin deficit) mit einem defizitärem Staatshaushalt sowie einem Defizit in der Leistungsbilanz.

Die Währungsreserven, die durch die RMB-Unterbewertung angehäuft werden, werden wiederum in US-amerikanische T-Bills investiert. Für die USA ergibt dies einen massiven Kapitalimport mit dem das Leistungsbilanzdefizit finanziert wird.

---

[2] Wachstumsraten des BIP 2008 laut IMF World Economic Outlook: Brasilien 5,1 %, Russland 5,6 %, China 9 %, Indien 7,3 %, während die USA mit 1,1 %, die Euro-Zone mit 0,9 % und Japan mit -0,6 % klar langsamer wuchsen.
[3] Renminbi (RMB) oder Yuan; Offizielle Bezeichnung: Chinese Yuan CHY.

Abbildung 2 zeigt die Entwicklung der Leistungsbilanzsalden von 2001 bis 2009 einiger ausgewählter Volkswirtschaften. Die USA weisen dabei das mit Abstand größte und bis 2006 wachsende Leistungsbilanzdefizit auf. Im Jahr 2006 hat es den „Spitzenwert" von -731 Mrd. $ erreicht. Die neun Staaten[4], die nach den USA die höchsten Defizite in ihrer Leistungsbilanz aufweisen, haben im Vergleich dazu ein relativ kleines Defizit. Summiert ergibt sich für diese Volkswirtschaften ein Defizit von „lediglich" 517 Mrd. $. Auf Seiten der Überschussländer hat sich die Volksrepublik China in den vergangenen Jahren zum Land mit dem höchsten Leistungsbilanzüberschuss entwickelt. Mit der Bundesrepublik Deutschland und Japan stehen zwei weitere exportorientierte Nationen auf Seiten der Überschussländer. Ansonsten weisen vor allem ölexportierende Volkswirtschaften wie Saudi-Arabien und die russische Föderation Überschüsse auf.

Abbildung 2: Leistungsbilanzsalden

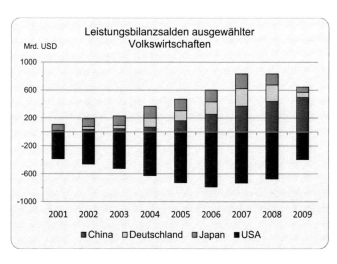

Eigene Darstellung   Quelle: (IMF, 2009g)

Defizite in der Leistungsbilanz der USA sind historisch gesehen nichts Unübliches. Unüblich ist jedoch die Höhe des Defizits gemessen am Bruttoinlandsprodukt (BIP). Das Defizit der Vereinigten Staaten belief sich laut Jahresbericht der

---

[4] Spanien, Vereintes Königreich, Australien, Italien, Griechenland, Türkei, Frankreich, Rumänien und Portugal.

„Bank für Internationalen Zahlungsausgleich" (BIZ, 2008, S. 15 f.) Ende 2007 auf 692 Mrd. $, was einem Anteil von 4,9 % vom BIP entspricht, nachdem es im Vorjahr mit 811 Mrd. $ und 6,2 % vom BIP seinen historischen Höchststand erreicht hatte. 1991 war die Leistungsbilanz noch ausgeglichen. Somit ist das Defizit innerhalb von 15 Jahren von 0 auf 811 Mrd. $ gestiegen. Seit dem Höchststand des Defizits im Jahr 2006 ist eine Entspannung der Situation zu erkennen. Im Geschäftsjahr 2008 gab es einen Rückgang des US-Defizits, dem eine Verminderung der Überschüsse der Volkswirtschaften der Bundesrepublik Deutschlands und Japans gegenübersteht. Für das Jahr 2009 rechnet der IWF mit einem weiteren Rückgang auf -393 Mrd. $. Dieser Rückgang ist vornehmlich auf die Auswirkungen der Weltwirtschaftskrise zurückzuführen. Bis 2014 wird mit einem erneuten Anstieg des Defizits auf 476,8 Mrd. $ gerechnet. China, das Land mit dem höchsten Überschuss in der Leistungsbilanz, erreichte 2008 440 Mrd. $, was einem Anteil von 10 % des chinesischen BIP entspricht. Die Tendenz für die Entwicklung des Saldos ist weiter steigend (IMF, 2009g). Um das Leistungsbilanzdefizit wieder auf ein adäquates Niveau zu bringen, ist eine Abwertung des Dollars notwendig. Amerikanische Güter werden so auf dem Weltmarkt billiger und die US-Exporte steigen. Dass eine Dollarabwertung bevorsteht entspricht der allgemeinen Sicht führender Ökonomen. Ein Problem besteht auch darin, dass das Defizit der USA nicht für ertragreiche Investitionen, sondern vor allem für den Konsum genutzt wird.

Hinsichtlich des Bestandes von Währungsreserven besteht eine weitere Perspektive des globalen Ungleichgewichts. Auch hier nehmen die BRIC-Staaten eine besondere Rolle ein. Die Verteidigung des unterbewerteten Renminbi sorgt zusammen mit der „self-insurance" der chinesischen Regierung für die Akkumulierung von hohen Währungsreserven. Tabelle 2 zeigt die aktuellen Währungsbestände von ausgewählten Staaten. Vor allem die BRIC-Staaten weisen enorme Bestände auf, die weit über das hinausgehen, was zur Finanzierung von Importen über ein paar Monate hinweg nötig wäre. Chinas Bestand an Währungsreserven im Jahr 2009 beträgt z. B 186 % der Importe eines Jahres, d. h. sie könnten knapp zwei Jahre ihre Importe durch das Auflösen ihrer Währungsreserven finanzieren. Auch Brasilien und Russland weisen vor allem in Relation zu ihren kurzfristigen Auslandsschulden und Importen beträchtliche Währungsreserven auf. Die Regel, dass die Währungsreserven zur Finanzierung von Importen in Krisenzeiten für ein paar Monate ausreichen sollten, ist damit weit übertroffen.

Tabelle 2: Bestand an Währungsreserven

	Mrd. US-Dollar			In Prozent von						
				BIP	Kurzfristigen Auslandsschulden			Importen		
	1998	2008	2009	2008	1998	2008	2009	1996	2008	2009
Asien	477	3320	3355	45	170	589	595	49	74	83
China	105	1948	1954	44	376	1865	1873	76	172	186
Indien	20	247	242	20	260	333	324	55	85	88
Lateinamerika	142	440	410	13	145	369	300	89	71	69
Brasilien	58	193	198	12	111	342	329	109	111	115
Mittel und Osteuropa	53	233	211	17	504	107	92	36	43	...
Russland	11	413	369	25	42	509	446	16	141	143
NÖE[5]	93	995	...	21	200	1862	...	42	87	...

Quelle: (BIZ, 2009, S. 101)

Auch unter Anwendung der Greenspan-Guidotti Regel (siehe 2.2) zeigt sich, dass die Bestände an Währungsreserven einiger Volkswirtschaften weit über ein einfaches Vorsichtsmotiv hinaus gehen. Ende 2008 betrug das Verhältnis von Währungsreserven zu kurzfristigen Auslandsschulden in Asien knapp 6:1, im Gegensatz zu einem als angemessen bezeichneten Verhältnis von 1:1. Der extremste Fall ist wieder die VR China mit einem Verhältnis von über 18:1, aber auch die anderen BRIC-Staaten wiesen mit einer Relation von über 3:1 einen enormen Währungsbestand auf.

3.1.2 Erklärungsansätze

> „Geld ist [...] eine Fiktion, wertloses Papier, das Wert nur erwirbt, weil sehr viele Menschen ihm Wert beimessen. Das System beruht auf Vertrauen. Nicht auf Wahrheit oder Realität, sondern auf kollektivem Glauben".
>
> Paul Auster (1997, S. 51)

Um die Entstehung der Ungleichgewichtssituation zu erklären, gibt es in der Literatur vielfältige Erklärungsansätze, die im Folgenden vorgestellt und diskutiert werden. Wie aus dem Zitat von Paul Auster hervorgeht beruht das heutige

---

[5] NOE = Netto Ölexportländer

System auf einer Konvention, dem Vertrauen in die Wertstabilität des Dollars. Aus den in 2.1 gezeigten Gleichungen, lässt sich die gegenwärtige Situation einfach erklären. Ein hoher Überschuss der USA steht einem hohen Defizit des RdW gegenüber. Das hohe Leistungsbilanzdefizit der USA entspricht einem großen Leistungsbilanzüberschuss des RdW. Greenwald und Stiglitz (2006) führen zwei, zur Erklärung der Situation dienliche, Sichtweisen auf: die des Doppeldefizits (twin deficit) und die des Überangebots von globalen Ersparnissen (saving glut). Nach dem Modell des Doppeldefizits führen der negative Staatshaushalt, sowie niedrige Ersparnisraten und hohe Investitionsraten zu einem hohen Leistungsbilanzdefizit der USA, welches wiederum zu Überschüssen in den Leistungsbilanzen des RdW führt. Die Sichtweise der „saving glut" bemisst der Gleichung (2) mehr Bedeutung zu und bezieht sich auf hohe private Ersparnisse des RdW. Auch hier lässt sich als extremes Beispiel die VR China nennen. Diesem stehen relativ geringe staatliche Ersparnisse und Investitionen gegenüber, was zu den erwähnten Überschüssen in dem Rest der Welt führt. Diese Überschüsse werden aufgrund der sicheren Anlagemöglichkeiten auf dem attraktiven US-Finanzmarkt angelegt und ziehen dort das starke Leistungsbilanzdefizit nach sich. Die Sichtweise der „saving glut" gewann durch den jetzigen Vorsitzenden der Fed, Ben Bernanke, an Popularität (Bernanke, 2005). Er (Bernanke, 2007, S. 7 f.) verweist bei der Frage nach der Tragfähigkeit des US-Defizits auf drei Faktoren, die das beschriebene Ungleichgewicht relativieren. Als ersten nennt er die Attraktivität des US-Finanzmarkts. Kapitalimporte werden angezogen, was wiederum erst die Kapitalbilanz aktiviert und nachfolgend die Leistungsbilanz passiviert. Die Leistungsbilanz folgt nach dieser Ansicht der Kapitalbilanz. Der zweite Faktor ist der positive Einfluss auf die Konjunktur der gegenüberstehenden Überschussländer. Der starke Export kann Tendenzen rezessiven oder über-hitzendem Wirtschaftswachstums entgegenwirken. Als dritten Punkt führt Bernanke die weiterhin positive Nettoanlagenposition auf. Die negative Net International Investment Position (NIIP)[6] ist in Relation zum Wohlstand der US-Bürger mit weniger als 5 % relativ klein. Nichtsdestotrotz gesteht der Fed-Vorsitzende ein, dass ein Defizit auf aktuellem Level (Stand 2007) langfristig nicht beibehalten werden kann und fordert unter anderem Maßnahmen, die zu einer höheren US-Sparquote führen. Er bevorzugt eine zeitnahe Adjustierung des Defizits, um potenzielle Belastungen zu vermeiden. Zudem

---

[6] NIIP = Von Inländern im Ausland gehaltene Vermögenswerte – Von Ausländern im Inland gehaltene Vermögenswerte.

verweist er darauf, dass grundsätzlich Kapital von der USA in die aufstrebenden und entwickelnden Volkswirtschaften fließen sollte und nicht wie zurzeit in umgekehrter Richtung. Die Rendite, die in noch nicht industrialisierten Staaten zu erwarten ist, liegt über der von US T-Bills, was sowohl den USA als Kapitalgeber, als auch dem empfangenden Land, das sich weiter entwickeln kann, helfen würde.

Eine weitere Perspektive ist die der Nachfrage nach nationalen Währungsreserven. Ebenso wie bei privaten Haushalten der Bestand an Liquidität bei gestiegenem Einkommen steigt, verhält es sich auch Staaten mit der Nachfrage nach Währungsreserven. Sie nehmen bei steigendem internationalem Handel zu. Da dieser durchschnittlich um ca. 7 % p. a. wächst, kann davon ausgegangen werden, dass auch die Nachfrage für Währungsreserven um diesen Anteil wachsen sollte. Dies hat zur Folge, dass, solange der Welthandel wächst, auch die Nachfrage nach der Reservewährung zunimmt. Auf lange Sicht entsteht ein chronisch wachsendes Leistungsbilanzdefizit des Reservewährungslandes, also der USA. Sind die Vereinigten Staaten nicht bereit, das dafür notwendige Defizit aufzuweisen, können die anderen Staaten ihr Reserveziel nicht erreichen. Eine vorstellbare Konsequenz ist eine Abwertungsspirale unter allen Volkswirtschaften, welche letztlich zu einer Verringerung des Wohlstandes aller führt. Mit einem Blick auf das Reservewährungsland lässt sich abschließend feststellen, dass sich durch das gegenwärtige System die Geldpolitik in den USA in einem ständigen Deflationsdruck befindet, wenn sie die Nachfrage nach Währungsreserven einiger Staaten nicht befriedigt. Diesem muss von Seiten der USA mit einer expansiven Politik begegnet werden (Greenwald & Stiglitz, 2006, S. 1ff.).

D'Arista (2004, S. 560) sieht in dem gegenwärtigen System die „treibende Kraft" für die export-led growth Strategien aufstrebender Volkswirtschaften. Die erzielten Überschüsse in der Leistungsbilanz führen dann zwangsläufig dazu, dass andere Staaten, in diesem Fall die USA als Währungsemittent, ein Defizit aufweisen müssen. Aizenman und Lee (2007, S. 192 ff.) vergleichen diese merkantilistische, mit einer vorbeugenden Strategie. Bei letzteren steht die bereits erwähnte self-insurance im Zentrum, um sich gegen ausbleibende Kapitalimporte abzusichern. Gegen eine merkantilistisch motivierte Strategie spricht der Blick in die Geschichte. Asiatische Volkswirtschaften versuchen bereits seit geraumer Zeit von einem starken Export zu profitieren. Der rapide Anstieg von Währungsreserven ist aber erst seit Ende der 1990er Jahre, also nach der Asien-Krise festzustellen. Die empirischen Befunde sprechen eher für das Vorsichtsmotiv als Begründung für die Währungsakkumulation. Die Hauptursache für den angewachsenen Bestand ist das Management des Wechselkurses zum Dollar. Dieser wird auf einem niedrigen Niveau möglichst konstant gehalten, um den Export zu fördern.

Kregel (2006, S. 149 ff.) sieht in der jetzigen Ungleichgewichtssituation das Ergebnis einer Reihe von nationalen Wirtschaftspolitiken. Er geht explizit auf die Notwendigkeit ein, die Situation nicht nur in einer bilateralen, sondern einer multilateralen Perspektive zu sehen. Die Situation hat sich im Laufe der letzten Dekaden verändert. Zwar existiert wie in den meisten Teilen der Geschichte ein Ungleichgewicht zwischen den USA als Defizitland und anderen Überschussländern, das Besondere an der jetzigen Situation ist aber, dass den USA nicht mehr hauptsächlich nur Japan, oder nur Europa gegenüberstehen. Heute sind die Überschussländer nicht nur zahlreicher, sondern auch heterogener. Die Dollar-Peripherie besteht aus Industriestaaten, aufstrebenden Volkswirtschaften sowie Entwicklungsländern. Kregel pointiert, dass eine reine Wechselkursanpassung durch die Heterogenität der Situation nicht ausreichend ist, um die Ungleichgewichte zu beheben. Einzig veränderte Wirtschaftspolitiken in den betreffenden Räumen können seines Erachtens zu einer Wiederherstellung des Gleichgewichts führen.

3.1.3 Kosten des gegenwärtigen Systems

Im vorangegangenen Punkt wurde bereits auf die Rolle der Währungsreserven eingegangen. Tabelle 3 zeigt deren Entwicklung für die Jahre 2003 - 2007. Auffallend ist, dass China mit etwa 24 % knapp ein Viertel der weltweiten Währungsreserven hält. Die Volkswirtschaft China hat den größten Anteil (2007 waren es ein Drittel) an der jährlichen Zunahme der Währungsreserven.

Im Jahr 2007 betrug das Wachstum der weltweiten Währungsreserven knapp 27 % und damit weitaus mehr als die Zunahme des globalen Handels, der 2007 laut Welthandelsorganisation (WTO) 7 % betrug. Hier zeigen sich die Folgen des Wechselkurs-Managements und der self-insurance. Währungsreserven werden aus Leistungsbilanzüberschüssen sowie privaten Nettokapitalzuströmen angehäuft, um sich gegen mögliche Währungskrisen abzusichern (Bibow, 2009, S. 132).

Tabelle 3: Zunahme der Währungsreserven und Bestand Ende 2007

	2003 In Mrd. USD	2004 In Mrd. USD	2005 In Mrd. USD	2006 In Mrd. USD	2007 In Mrd. USD	Bestand 2007
Global	617,1	723,1	426,2	862	1356	6391,8
USA	5,9	3	-4,9	3,1	4,9	45,8
Euroraum	-27,6	-7	-14	16,9	19,4	203,5
Japan	201,3	171,5	4,5	46,1	73,4	948,4
Asien	264,1	363,7	250,2	396	694,9	2912,6
China	116,8	206,7	208,9	247,5	451,9	1528,3
NOE	67	100	114,8	216,2	255,2	958,8

Quelle: (BIZ, 2008, S. 98)

Joseph Stiglitz untermauert seine Kritik mit der Auflistung von Kosten, die mit dem aktuellen System verbunden sind. Er teilt diese in vier Kategorien ein. Einer generellen Ungerechtigkeit, nicht ausgeschöpfter Potentiale der Weltwirtschaft, eine unzureichende Gesamtnachfrage im Reservewährungsland und die Instabilität des globalen Finanzsystems. Sein Hauptanliegen ist eine gerechtere Gestaltung der Globalisierung, die seines Erachtens durch eine Neuordnung des Reservesystems ermöglicht werden könnte. Im Folgenden werden die vier Kategorien diskutiert.

Ungerechtigkeit

Der bereits angesprochene Kapitalfluss von aufstrebenden Volkswirtschaften in die USA - also ein Ressourcentransfer von unten nach oben - kann als ungerecht bezeichnet werden. Die asiatischen Staaten erhalten für ihre in US-Schatzwechseln gehaltene Währungsreserven eine Verzinsung von meist maximal 2 %, was die Opportunitätskosten für diese Staaten noch weiter ansteigen lässt, da mögliche Investitionsalternativen weitaus höhere Renditen versprechen. 2007 betrug der globale Anstieg von Währungsreserven 1.356 Mrd. $ (siehe Tabelle 3). Diese Reserven wurden laut Stiglitz „im Boden vergraben" und nicht für entwicklungspolitische Ziele genutzt. Stiglitz (2006, S. 313 f.) geht in diesem Zusammenhang auf die Möglichkeit ein, mit dem entgangenen Kapital die Millenniumsentwicklungsziele der Vereinten Nationen erreichen zu können.

Die Dominanz des USD führt zu einer weiteren Abhängigkeit. Ausländische Dollar-Investoren, die das US-Leistungsbilanzdefizit mitfinanzieren, realisieren bei einem Sinken des USD-Kurses Verluste, die sich bei einem Umtausch in die heimische Währung noch verstärken. Die USA hingegen profitieren doppelt, da der Wert ihrer Verbindlichkeiten, die zumeist auf Dollar lauten, sinkt und gleichzeitig ihre auf Fremdwährung lautenden Vermögenswerte aufgewertet werden (BIZ, 2008, S. 173). Diese adverse Verteilung kann als ebenfalls ungerecht bezeichnet werden.

Nicht ausgeschöpfte Potentiale der Weltwirtschaft

Nach Stiglitz (2006, S. 313 f.) dämpft das heutige System der Weltwährungsreserven die Weltwirtschaft und erschwert das Erreichen von Vollbeschäftigung. Seiner Meinung nach sollte das Geld, welches in Währungsreserven gehalten wird, viel eher für Konsum und Investitionen genutzt werden. So könnte die globale Gesamtnachfrage gestärkt werden. Bei einer Betrachtung des jährlichen Wachstums der Weltwährungsreserven über 5 Jahre ergibt sich ein durchschnittliches Wachstum von knapp 797 Mrd. $ (siehe dazu Tabelle 2). Diese zusätzlichen Währungsreserven hätten sonst zur Ankurbelung der Gesamtnachfrage verwendet werden können (BIZ, 2008, S. 106). Ein Großteil der vom Ausland in US-Dollar notierten Reserven ist zudem zwar hoch-liquide, dafür jedoch schwach verzinst. Wyplosz (2007, S. 8) hält die „self-insurance" der aufstrebenden Volkswirtschaften zwar für ein nachvollziehbares Motiv der Reserven-Akkumulation. Es wird derzeit jedoch in einem zu übertriebenem Maße ausgeübt.

Unzureichende Gesamtnachfrage in den USA

Die Vereinigten Staaten agieren als „Exporteur" ihrer eigenen Währung. Sie verkaufen Schatzwechsel oder Obligationen, die dann von anderen Ländern (v. a. von China) in ihren Reserven geführt werden. Diese Art des Exports ist jedoch nicht mit dem von Waren und Dienstleistungen zu vergleichen, da hierdurch keine Arbeitsplätze entstehen. Je länger dieser Zustand anhält, bzw. je größer das Defizit aufgrund von „Währungsexporten" wird, desto größer wird die Problematik in der sich (nachteilig) verändernden amerikanischen Binnenwirtschaft (Stiglitz, 2006, S. 314 ff.). Diese verändert sich, zum Beispiel, weil Investitionen in nicht handelbare Güterproduktionen fließen. Die Exportschwäche wird somit weiter verstärkt. Eine vergleichbare Situation tritt sonst eher in Entwicklungsländern auf (Ocampo, 2007, S. 5). Ein offensichtliches Beispiel für das gestiegene Interesse in nicht handelbare Güter zu investieren, ist die Blase am Grundstücks- und Immobilienmarkt, die letzlich in der Subprime- und später Finanzmarktkrise endete. Mit einer gestärkten Exportwirtschaft ließe sich das bereits entstandene Defizit bezahlen. Unterstützt wird diese Strukturveränderung der Binnenökonomie weiter von einer strukturellen Beschaffenheit der US-Ökonomie, dessen Auswirkung auch als Houthakker-Magee Effekt bekannt ist. Die Importelastizität der Vereinigten Staaten liegt höher als die der Handelspartner. Selbst wenn die amerikanische Volkswirtschaft „nur" im selben Tempo, wie die der Handelspartner wächst, verschlechtert sich trotzdem die US-Leistungsbilanz. Dass die US-Wirtschaft größtenteils schneller wächst verstärkt diesen Effekt zusätzlich (Summers, 2004, S. 4 ff.).

Instabilität des Finanzsystems

Stiglitz (2006, S. 317 f.) arbeitet die Ironie heraus, die im gegenwärtigen System der Weltwährungsreserven liegt: Es begrenzt die Kosten, die mit einer Instabilität verbunden sind zwar für jedes einzelne Land, jedoch verschärft sich die Instabilität des Welt-Finanzsystems. Eine Volkswirtschaft kann sich durch den Aufbau von Währungsreserven zwar gegen Währungskrisen absichern, allerdings führt dies in der globalen Perspektive zu einer unerwünschten Instabilität. Die „Selbstzerstörung" des Systems liegt in der Tatsache, dass es sich selbst untergräbt: „Das Reservewährungsland versinkt zusehends in Schulden, die seine Währung schließlich als Reservewährung unattraktiv machen" (2006, S. 318).

Für die Volksrepublik China, die gegenwärtig den Konsum in den USA z. T. finanziert, ergibt sich zudem eine Zwickmühle. Eine Umschichtung ihrer Währungsreserven von USD in Euro ist im Lichte einer erwarteten USD-Abwertung sinnvoll, da mit dem Wertverlust des Dollars auch ein Wertverlust der chinesischen Währungsreserven einhergeht. Beginnt die People's Bank of China jedoch mit dieser Umstrukturierung, sendet sie ein Signal an andere Marktteilnehmer, ebenfalls aus dem USD auszusteigen. Dieses führt zu dem Wertverlust der Reserven, dem die Zentralbank ursprünglich aus dem Weg gehen wollte (Spahn, 2009, S. 44).

Staaten mit hohen Sparquoten (wie z. B. China und Japan), die mit Zahlungsbilanzüberschüssen einen großen Bestand an auf Dollar lautende Währungsreserven, akkumuliert haben, aber trotzdem keine Kredite in ihrer eigenen Währung vergeben können, sehen sich mit dem „conflicted virtue" konfrontiert. Das eigentlich tugendhafte Verhalten (virtue) des Sparens bringt Konflikte mit sich. Das Ausland übt einen „merkantilistischen" Druck auf (beispielsweise) China aus, um eine Aufwertung herbeizuführen. Fürchten private chinesische Anleger, dass der Renminbi zum Dollar aufwertet, werden sie versuchen Dollar-Anlagen in

Renminbi umzuschichten, um so den Vermögensverlust zu umgehen. Die zu befürchtenden Entwicklungen sind dann Deflation und eine Liquiditätsfalle. Für China bleibt die Möglichkeit von Interventionen am Devisenmarkt zur Stabilisierung des Wechselkurses (McKinnon & Schnabl, 2003, S. 15).

Generell gesprochen befinden sich die USA, in der angenehmen Situation von Anpassungsprozessen der Wechselkurse bei Ungleichgewichten in Leistungsbilanzen zu profitieren. Fällt der Kurs des Dollars, steigen die von Inländern gehaltenen Vermögenswerte im Ausland im Wert an. Andere Staaten müssen beim Fall des Werts ihrer eigenen Währung Verluste hinnehmen, wenn sie Auslandsschulden in einer nicht heimischen Währung bedienen müssen (UN, 2005). Die mit dem jetzigen System verbundenen Kosten werden weitestgehend vom Rest der Welt getragen, allerding sind auch die USA unter dem jetzigen System von einer optimalen Lösung entfernt, da sich ihre Binnenökonomie verändert.

3.1.4 Verbindung zur Finanzkrise

Die bereits beschriebenen Ungleichgewichte in den Zahlungsbilanzen und die zunehmende Akkumulierung von Währungsreserven in den aufstrebenden Volkswirtschaften Asiens werden immer wieder als ein Grund für die Finanzkrise genannt. Die „Bank für Internationalen Zahlungsausgleich" sieht in ihrem neuesten Jahresbericht (2009, S. 5) neben langfristig niedrigen Realzinsen, in den weltweiten Ungleichgewichten die zweite makroökonomische Ursache für die Finanzkrise. Die immensen Investitionen der Währungsreserven der Peripherie-Staaten auf dem amerikanischen Finanzmarkt haben das Zinsniveau über Jahre hinweg auf einem niedrigen Level verharren lassen. Das massive Aufkaufen von langfristigen US-Staatsanleihen - also eine hohen Nachfrage - ließ die Preise für diese Anleihen steigen und die Zinsen sinken. So wurde erst die Möglichkeit geschaffen, die Blase auf dem Immobilienmarkt in den USA entstehen zu lassen. Wie bereits erwähnt sind die gestiegenen Investitionen in nicht handelbare Güter wie Häuser und Grundstücke eine Folge des Ungleichgewichts und der sich verändernden US-Binnenökonomie. Das Platzen der entstandenen Vermögenspreisblase sorgte für den Beginn der Finanzkrise. Ein zumindest leichter kausaler Zusammenhang zwischen dem gegenwärtigen Reservesystem und der Krise lässt sich somit nicht leugnen. Die zu lockere Vergabe von Krediten und ihr Weiterreichen an Kapitalmärkte bleiben jedoch die Hauptgründe für die Krise.

In der Diskussion über die globalen Problematiken und den damit verbundenen Schreckensszenarien wurde eine Währungskrise – ausgelöst durch eine ungeordnete Korrektur des Leistungsbilanzdefizits der USA – erwartet. Durch ein Sinken der Bereitschaft, das US-Defizit zu den herrschenden Bedingungen (Wechselkurs und Zinsniveau) zu finanzieren, könnte die „Mutter aller geldpolitischen Krisen" ausbrechen. Dazu ist es jedoch nicht gekommen. Der USD hat zwar weiter gegenüber dem Euro abgewertet, allerdings nur in Maßen. Das Zinsniveau der USA folgt weiterhin dem Kurs der Fed. Auch ein größeres Umschichten der Währungsreserven von Dollar zu anderen Währungen ist ausgeblieben. Winkler fasst die Auswirkung wie folgt zusammen:

> "Es ist folglich genau umgekehrt wie in den Asien-Krisenszenarien angenommen wird: der Verlust der Leitwährungsfunktion wird nicht durch eine Krise ausgelöst, sondern erst muss eine Währung die Leitwährungsfunktion verlieren, damit es überhaupt zu einer Krise kommen kann" (Winkler, 2008, S. 729).

Somit ist die Finanzkrise auch keine Währungskrise. Die Vertreter der Bretton-Woods II-These sehen sich in ihren Ansichten bestätigt. Während der gesamten Finanzkrise kam es nicht zu einer Flucht aus dem Dollar. Der Effekt war sogar gegenläufig. US Staatsanleihen sind wegen ihrer unterstellten hohen Sicherheit weiter nachgefragt. Die drei Ökonomen gehen davon aus, dass sich diese Strategie des Wechselkurs-Managements und „export-led" auch weiterhin bei Entwicklungs- und Schwellenländern durchsetzen wird (Dooley, Folkerts-Landau, & Garber, 2009, S. 13 ff.).

Dass die derzeitige Ungleichsituation einen Anteil an der Finanzkrise hat, unterstreicht die Notwendigkeit einer Diskussion über mögliche Reformen.

3.2 Notwendigkeit einer Reform

Die Frage nach der Notwendigkeit einer Reform hängt davon ab, wie tragfähig die vorherrschende Ungleichgewichtssituation ist. Über die Fragen, ob, wie oder wie lange diese aufrechtzuerhalten ist, herrscht kein Konsens in der Literatur. Es existiert keine Einigung darüber, wie groß das Leistungsbilanzdefizit gemessen am BIP einer Volkswirtschaft sein darf. Abhängig davon, welche Bestimmungsfaktoren (Nettoauslandsverschuldung, Konjunkturzyklus, Portfolioallokation) herangezogen werden, schwanken die Angaben zwischen 2 % und 6 % des BIP. Damit befindet sich die derzeitige Situation im oberen Bereich des tolerierbaren

Defizits (Gräf, 2007, S. 3 ff.). Folgt man den Angaben der „Bank für Internationalen Zahlungsausgleich" im Jahr 2004, wurde die kritische Grenze von 5 % bereits überschritten.

Nach Spahn (2009, S. 32 ff.) gilt es, die Bankfunktion der USA mit einzubeziehen. Die Vereinigten Staaten haben durch ihre besondere Stellung als Leitwährungs- und Reservewährungsland keine Budgetrestriktion. Die hohen Kapitalimporte treiben den Realtransfer von Gütern an, was zu der negativen Leistungsbilanz führt. Die Leistungsbilanz folgt dieser Ansicht nach der Kapitalbilanz. Im Ausland sind auf USD lautende Assets aufgrund ihrer unterstellten hohen Sicherheit und Liquidität besonders nachgefragt. Spahn hält eine Relation von Netto-Auslandverschuldung zum Sozialprodukt im Fall der USA für rein willkürlich, da die Schuldverschreibungen auf den heimischen Dollar lauten. Er verweist auf die Konvention, die der Anerkennung solcher Schuldverschreibungen zugrunde liegt. Der Dollar gilt weltweit als Zahlungsmittel, weil ihm ein Wert beigemessen wird. Diese kann, wie jede Konvention, zusammenbrechen, ist aber unabhängig von einer Relation von Verschuldung zu Gesamtrechnungsgröße. Wie eine Bank weist die USA positive Nettozinserträge auf. Ursache hierfür ist, dass die Zinsen auf US-Depositen wegen der Liquiditätsprämie niedriger liegen als die für ertragreichere Auslandsaktiva erhaltenen Zinszahlungen. Die Tragfähigkeit des Systems beruht somit am ehesten auf der globalen Bereitschaft Ersparnisse in USD anzulegen. Folgt man dieser Sichtweise, sind Reformvorschläge Seitens Chinas und Russlands ein Indikator für eine wankende Konvention. Ein weiterer Punkt, der die These einer wankenden Konvention stützt, ist die sich verlangsamende Nachfrage Chinas nach US-amerikanischen Staatsanleihen. Diese werden vermehrt von der Fed gekauft. Zudem ist ein vermehrter Kauf Chinas von Rohstoffen, also realen Werten, festzustellen. Dies kann als Zeichen für eine Diversifizierung zu Lasten von Staatsanleihen gewertet werden (Müller, 2009).

Auch wenn Uneinigkeit über die Tragfähigkeit der vorherrschenden Situation der Zahlungsbilanzungleichgewichte herrscht, scheint doch klar, dass das jetzige System nicht einem optimalen System entspricht. Stiglitz spricht gar von einer „selbstzerstörerischen Logik des gegenwärtigen Systems, die dazu führt, dass sich das Reservewährungsland immer tiefer verschuldet, bis sein Geld schließlich keine solide Reservewährung mehr ist". Er verweist auf das bereits beschriebene Vertrauensproblem (Stiglitz, 2006, S. 328). "Die Frage ist nicht, ob wir uns von einem Dollar-Währungssystem wegbewegen", sagte Stiglitz dieses Jahr in einem von der Internetseite "Emergingmarkets.org" geführtem Interview. "Die Frage ist, ob dies auf chaotischem oder organisiertem Weg geschieht".

Es mehren sich die Stimmen, vor allem aus den Reihen Chinas, dass eine Reform notwendig ist. Da China die größte Gläubiger-Position gegenüber den USA einnimmt, sind solche Äußerungen ernst zu nehmen. Sie könnten schließlich ein Anzeichen für das sinkende Vertrauen in die Leitwährung US-Dollar sein.

Wie in Punkt 3.1.1 beschrieben ist die Bereitschaft weiter in USD denominierte Ersparnisse anzulegen zentral für die Problematik. Beginnt der Ausstieg durch eine gesunkene Bereitschaft könnten die Zinsen in den USA steigen und zu einem „crowding out" der produktiven Investitionen führen. Dies ist keine sichere, aber eine mögliche Auswirkung. Denkbar ist auch, dass die Zinsen nahezu unverändert bleiben. Die verminderten Kapitalimporte der USA führen zu einer Dollar-Abwertung. Der Export wird dann durch das günstigere Preisniveau ansteigen. Sobald diese zusätzlichen Netto-Exporte dem Wert der entgangenen Kapitalimporte entsprechen kommt die Abwertung des Dollars zum Stillstand. Zudem sorgt der Anstieg der Netto-Exporte mit dem Multiplikator-Effekt für einen Einkommensanstieg. Dieser führt zu höheren Ersparnissen, die wiederum auf dem US-Finanzmarkt angelegt werden können und somit die Nachfrage nach Wertpapieren, trotz rückgängigen Kapitalimports, hoch halten. In diesem Fall bliebe das US-Zinsniveau unverändert (Spahn, 2009, S. 36 f.).

Zudem lässt sich feststellen, dass es einen Mangel an Währungsalternativen zum USD gibt. Wie in Tabelle 1 zu sehen ist wächst zwar die Bedeutung des Euro und die weltweiten Reservevorkommen werden teilweise von USD in Euro umgeschichtet – immerhin gut ein Viertel der weltweiten Devisenreserven lauten auf Euro – doch der Finanzmarkt des Euroraums ist in Produktivität und Flexibilität nicht mit dem in den USA zu vergleichen. Der EWU fehlt eine gemeinsame Fiskalpolitik, und der europäische Finanzmarkt ist heterogener, da nationale Staatsschuldtitel emittiert werden. Aufgrund fehlender Erfahrung ist unklar wie bei Ausfall eines Landes verfahren werden würde (Spahn, 2009, S. 46). Zudem würden weder Europa, noch Japan eine in Folge von erhöhten Kapitalimporten aufgewertete Inlandswährung begrüßen.

Aus der Vergangenheit sollte gelernt und deren Fehler vermieden werden. Im 19. Jahrhundert war das Pfund die dominierende Währung - seit dem 20. Jahrhundert ist es der US-Dollar. Die Vergangenheit des Pfund Sterling könnte die Zukunft des US Dollar sein. Berkeley-Professor Eichengreen (2007, S. 140) verweist auf das stetig steigende Verhältnis der Staatsverschuldung zum BIP in den USA. Die Schätzungen belaufen sich für das Jahr 2009 auf 83 % des BIP.[7] Im Jahr 2000 lag die Relation von Staatsverschuldung zum BIP noch bei 58 %. Dieser Trend hat sich seit den 1990er Jahren verfestigt. Eichengreen stellt die Gefahr heraus, die sich bei einer weiter steigenden Verschuldungsrelation ergibt. Anleger könnten die Bereitschaft verlieren USD zu halten oder in USD denominierte Aktiva zu investieren, was die Konvention ins Wanken bringen würde. Mögliche Folgen sind ein sinkender Wechselkurs und / oder hohe Inflationsraten, die dann endgültig die Bereitschaft schmälern in USD zu investieren. Es entstünde die Gefahr eines „rush out of dollars", also die eines unkoordinierten Ausstiegs aus der Dollarreserve.

Insgesamt wird damit deutlich, dass eine Reform notwendig ist oder zumindest eine Diskussion über Reformvorschläge ihre Berechtigung besitzt. Diese gilt es zu analysieren und zu bewerten.

Da im gegenwärtigen System der Weltwährungsreserven die USA (als das Reservewährungsland) den RdW mit den von ihnen auch geforderten Dollar versorgt, entsteht eine Abhängigkeit des RdW von einer nationalen Währung. In den Vereinigten Staaten führt dies zu einem chronisch wachsenden Leistungsbilanzdefizit, welches das für das Funktionieren dieses Systems notwendige Vertrauen in den USD untergräbt (Triffin-Dilemma). Die Effizienz und Stabilität des Systems beruht auf der Bereitschaft der USA ein ausreichend großes Defizit aufzubauen. Dabei fehlt die Möglichkeit Staaten mit hohen Überschüssen zu kontrollieren bzw. zu disziplinieren. Das Gegenteil ist der Fall: Das heutige System erfordert eine exportorientierte Strategie der Länder, deren Währung in internationalen Transaktionen keine oder eine nur untergeordnete Rolle spielt. Durch die Überschüsse einiger Staaten, vor allem der aufstrebenden Volkswirtschaften und Netto Ölexporteure, wird ein Deflationsdruck erzeugt, der in den USA mit einer expansiven Geldpolitik ausgeglichen werden muss.

Die in dieser Arbeit aufgeführten Schwierigkeiten werden zusammenfassend das Reservewährungsland-Problem genannt. Auch wenn keine Einigkeit darüber besteht wie dramatisch die gegenwärtige Lage mit Blick auf die Ungleichgewichtssituation ist, kann das Defizit der USA auf diesem hohen Niveau auf Dauer nicht hingenommen werden sondern sollte möglichst vorsichtig abgebaut werden. Die USA sollten eher Adressat als Empfänger in der Finanzbeziehung mit Entwicklungsländern und aufstrebenden Volkswirtschaften sein. Die derzeit

---

[7] Geschätzte Staatsverschuldung für das Jahr 2009: 10,7 Bill. $

hohen Kosten des Systems sprechen ebenfalls dafür Reformvorschläge und die damit verbundenen möglichen Potentiale zu untersuchen.
.

4 Reformvorschläge und Analyse

Nachdem die Probleme der derzeitigen Währungsordnung dargestellt wurden liegt der Fokus in diesem Kapitel darauf, die Potentiale und Risiken bestehender Reformgedanken zu analysieren. Aufgrund der Vielzahl von Reformansätzen, wurde hier eine bewusste Auswahl getroffen, die im weiteren Zusammenhang mit dem Schwerpunkt dieser Arbeit – den Sonderziehungsrechten – steht. Dazu werden zunächst die SZR des IWF ausführlich erläutert. Sie stehen im Mittelpunkt der zu untersuchenden Reformvorschläge. Es folgt die Vorstellung des Bancor-Plans von John Maynard Keynes zur Neugestaltung der Währungsordnung nach dem Zweiten Weltkrieg. Seine Vorschläge hatten lediglich aufgrund der damaligen politischen Machtverhältnisse keine Verwirklichungschancen und sind in der derzeitigen Diskussion so aktuell wie selten zuvor. Aufgegriffen wurden die Ideen des britischen Ökonomen u. a. von Joseph Stiglitz, dessen Arbeit über die Emission eines „Weltdollars" in 4.3 dargestellt wird. Der Vorschlag des Vorsitzenden der chinesischen Zentralbank Zhou gab den Anstoß zur aktuellen Reformdiskussion, zumal er aus Russland und Brasilien Unterstützung erhielt. Da der asiatische Staat das größte Gläubigerland der USA ist, ist allein die Tatsache, dass die Volksrepublik China Reformvorschläge unterbreitet, von besonderer – politischer und ökonomischer – Bedeutung. Anschließend wird die Beziehung zwischen Schuldner- und Gläubigerstaaten erläutert, deren Ausgestaltung in einem veränderten System mitentscheidend ist. Zum Ende des Kapitels wird dann die zukünftige Rolle und mögliche Ausgestaltung der Sonderziehungsrechte in einem neuen Währungssystem ausführlich diskutiert, bevor abschließend eine kritische Würdigung der vorgestellten Reformvorschläge stattfindet.

4.1 IWF Sonderziehungsrechte

Die Einführung der Sonderziehungsrechte stellte beim Rio Abkommen von 1969 eine Neuerung des Weltwährungssystems dar. In den 1960er Jahren offenbarten sich zwei Probleme, die durch die Einführung von SZR gelöst werden sollten. Zum einen verfolgte man einen besseren Ausgleich der Zahlungsbilanzen unter den wirtschaftlich stärksten Nationen und zum Anderen sollte die Weltwirtschaft in einem angemessenen Maß mit Liquidität versorgt werden. Die Einführung der

SZR sollte eine zusätzliche Reservemöglichkeit schaffen, um einer eventuellen Knappheit an Gold und USD vorzubeugen (Deutsche Bundesbank, 2003, S. 54 ff.). Durch die SZR konnte der IWF nun erstmals bewusst Liquidität schaffen. Beim Festlegen des Werts orientierte sich der IWF am Preis für Gold und legte den Wert von einem SZR auf einen US-Dollar fest. Den speziellen Namen erhielt das Sonderziehungsrecht durch die unklare Einstufung zwischen Geld und Kredit (Williamson, 2009, S. 1). Die Kredit-Eigenschaft lässt sich mit einem Blick auf die vor allem ärmeren Volkswirtschaften erklären. Diese würden am Kapitalmarkt wegen ihrer fehlenden Bonität keinen „normalen" Kredit erhalten.

Die Zuteilung von SZR an die teilnehmenden Nationen erfolgt anhand ihrer IWF-Quoten. Bei einer Gesamtzuteilung von z. B. 20 Mrd. SZR würde Australien mit seiner Quote von 1,5 % beispielsweise 300 Mio. SZR erhalten. Voraussetzung einer Allokation ist jedoch eine 85-prozentige Zustimmung des IWF-Gouverneursrates. Zuvor muss eine Zuteilung vom Geschäftsführenden Direktor vorgeschlagen und durch das Exekutivkomitee bestätigt werden. Halten können und dürfen die SZR lediglich die jeweilige Währungsbehörde des Mitgliedstaates sowie der IWF. Alle teilnehmenden Staaten haben sich dazu verpflichtet Sonderziehungsrechte zu akzeptieren. SZR dienen als Zahlungsmittel für verschiedene Transaktionen wie die Rückzahlung von Krediten einschließlich der darauf entfallenen Zinsen und Gebühren. Reservetranchenpositionen sowie die Tilgung aufgenommener Kredite sind Hauptverwendungen der SZR. Der Reservecharakter der Sonderziehungsrechte zeigt sich für die teilnehmenden Volkswirtschaften darin, im Bedarfsfall über diese auch ohne wirtschaftspolitische Auflagen verfügen zu können. Es ist diesen Staaten jedoch nicht möglich mit ihren SZR-Reserven direkt am Devisenmarkt zu intervenieren, da SZR selbst nicht gehandelt werden können. Zuvor müssen die Sonderziehungsrechte beim IWF in eine interventionsfähige Währung umgetauscht werden. Der Fonds entscheidet dann, welchem Land ein Tausch ermöglicht wird. Diese Transaktionen werden nicht gestattet wenn eine Zentralbank lediglich die Zusammensetzung der eigenen Währungsreserven verändern (diversifizieren) möchte. Einige internationale Institutionen nutzen SZR zudem als Verrechnungseinheit.

Bei SZR bildet sich der Marktpreis nicht wie bei nationalen Währungen durch Angebot und Nachfrage am Markt, sondern beruht seit 1981 auf einem Korb aus den vier wichtigsten Währungen im internationalen Handel. Der US-Dollar (zu 44 %), der Euro (34 %), der japanische Yen (11 %) und das britische Pfund Sterling (11 %) fließen gewichtet in den Korb mit ein. Der SZR Wechselkurs errechnet sich aus diesen vier Währungen und wird täglich vom IWF auf seiner

Homepage veröffentlicht. Wie nationale Währungsreserven werden auch SZR verzinst. Der Zinssatz errechnet sich aus dem gewogenen Durchschnitt der kurzfristigen Zinsen der vier im Korb enthaltenen Währungen[8] und wird wöchentlich neu angepasst (Deutsche Bundesbank, 2003, S. 55 ff.). Das SZR-Zinsniveau liegt knapp über dem der USA (Staatsanleihe mit dreimonatiger Laufzeit). Dem Zinsertrag aus dem Halten von SZR stehen den Zentralbanken Gebühren gegenüber, die sie dem IWF für die erhaltenen Zuteilungen entrichten müssen. Entspricht der Bestand an SZR genau dem Wert der Zuteilung, heben sich Kosten (Gebühren) und (Zins-) Ertrag gegenseitig auf. Ein Zinsvorteil wird nur erreicht wenn der Bestand von SZR über der Zuteilungssumme liegt (Walter, 1974, S. 123). Um dem veränderten internationalen Handel und Zahlungsverkehr gerecht zu werden, wird über die Zusammensetzung des Währungskorbs alle fünf Jahre neu verhandelt. 2010 steht die nächste „Korbanpassung" an (IMF, 2009f).

Vor dem Hintergrund der Fragestellung dieser Arbeit über die Reformpotentiale von SZR zur Lösung des Reservewährungsland-Problems gilt es zunächst zu klären, welche Rolle die Sonderziehungsrechte im aktuellen System spielen. 1978 wurde in einem Übereinkommen des IWF die Vereinbarung getroffen die Sonderziehungsrechte zum Hauptreservemedium zu machen. Durch die Entwicklung des Weltwährungssystems in den folgenden Dekaden, die von flexiblen Wechselkursen, zusätzlichen Reservewährungen, weitgehend freiem Kapitalverkehr und gestärkten Finanzmärkten gekennzeichnet waren, wurde dieses Vorhaben nicht weiter verfolgt und wird von der Deutschen Bundesbank (2003, S. 55) als „überholt" angesehen. Es wurde kein weiterer Bedarf (global need) nachgewiesen.

1997 einigten sich die Mitgliedsstaaten auf eine sogenannte Gerechtigkeitszuteilung von SZR, um die neueren IWF-Mitglieder ebenfalls am System partizipieren zu lassen. Diese waren an den bis dato 21,4 Mrd. zugeteilten SZR nicht beteiligt. Zu einer Ratifizierung ist es jedoch nicht gekommen, da die USA mit 16,77 % der Stimmen eine Sperrminorität inne haben und von dieser Gebrauch machten. Ohne Zustimmung seitens der Vereinigten Staaten ist eine SZR-Allokation somit unmöglich (Aiyar, 2009, S. 7). Der Anteil von derzeit knapp 0,4 % der SZR an den globalen Währungsreserven verdeutlicht ihre aktuelle

---

[8] Für den Euro dient der Drei-Monats-Euribor als Referenzwert. Der Sterling und der Dollar, werden durch die jeweiligen Zinssätze einer Staatsanleihe mit der Laufzeit von drei Monaten repräsentiert und der japanische Yen wird durch den Zinssatz auf 13-wöchige Regierungsschatzwechsel repräsentiert.

Bedeutungslosigkeit. Im Zuge der Finanzkrise hat der US-Kongress der Gerechtigkeitszuteilung von 1997 zugestimmt. Die Allokation von insgesamt 21,5 Mrd. SZR (äquivalent zu ca. 33 Mrd. $) wird am 9. September 2009 vom IWF vollzogen (IMF, 2009b). Damit verdoppelt sich der globale Bestand an Sonderziehungsrechten.

D´Arista (2004, S. 576) kritisiert das Verfahren der bisherigen Vergabe von SZR als unmoralisch. Das Abhängigkeitsverhältnis von Zuteilung und IWF-Quote führte dazu, dass zwei der reichsten Länder der Welt knapp zwei Drittel der SZR erhielten. Die Vereinigten Staaten haben zurzeit 16,77 % der Wählerstimmen, gefolgt von Japan mit 6,02 % und der Bundesrepublik Deutschland mit 5,88 %. Die BRIC-Staaten haben weitaus weniger Wahlmacht. China hält 3,66 %, Russland 2,69 %, Indien 1,9 % und Brasilien 1,4 % der gesamten Stimmen (IMF, 2009a).

Im Laufe der Geschichte stand zudem die Einführung eines Substitutionskontos zur Diskussion. In ihm sollte es möglich sein USD oder eine andere nationale Währung gegen SZR einzutauschen. Der erste Vorstoß in diese Richtung war zum Ende des BWS durch die Angst, der US-Dollar könnte an Wert verlieren, motiviert. Der zweite Vorstoß erfolgte Ende der 1970er Jahre. Er scheiterte aber ebenso wie der erste am Einverständnis der USA (Williamson, 2009, S. 4). Der aktuell letzte Vorstoß zur Einführung eines Substitutionskontos stammt wie bereits erwähnt vom Chinesen Zhou, dem Vorsitzenden der PBoC. Eine Diskussion darüber entstand allerdings bereits 2007 in der Financial Times. Fred Bergsten vom „Peterson Institute for International Economics" empfahl die Einführung eines Substitutionskontos, mit dem er die Stabilität des internationalen Finanzsystems gestärkt sieht (2007). Staaten mit hohen Währungsreserven könnten so aus Diversifizierungsüberlegungen heraus ihre Reserven in SZR tauschen statt in andere nationale Währungen. Dies würde die Staaten mit alternativen Währungen wie die Eurozone und das Vereinte Königreich entlasten bzw. ihre Wechselkurse erst gar nicht belasten. Der IWF-Historiker Boughton pflichtet Bergsten zum Teil bei, sieht in dem Konto aber nur einen Teil der Lösung. Uneinigkeit besteht bei den Fragen, wie liquide die dann eingetauschten SZR tatsächlich sind und wie mit dem Wechselkursrisiko umgegangen werden sollte, bzw. wie problematisch dieses ist (Boughton, 2007).

4.2 Keynes' Bancor-Plan

John Maynard Keynes war der Vertreter der britischen Delegation auf der Währungskonferenz in Bretton-Woods. In den 1940er befasste er sich mit der Ausgestaltung der Weltwährungsordnung für die Nachkriegszeit. Keynes selbst sah seinen Plan als „ideologisch, kompliziert, neu und eventuell sogar utopisch" an. Bei der Bretton-Woods Konferenz kam es bekanntermaßen nicht zu einer Ratifizierung des Keynes-Plans sondern des White-Plans. Keynes' visionäre Ideen haben jedoch nichts an Aktualität verloren und sind durch die jüngsten Diskussionen wieder in den Fokus der Öffentlichkeit geraten. Keynes' Bancor-Plan ist Grundlage und Ursprung fast jeden Reformvorschlags. Damit darf eine nähere Betrachtung seiner Ideen in dieser Arbeit nicht fehlen. Keynes' Plan basiert auf der Einführung einer globalen Währungseinheit namens Bancor. Diese sollte an 30 Rohstoffe (u. a. Gold) gebunden sein ohne aber einen physischen Geldcharakter zu besitzen. Die Paritäten der nationalen Währungen sollte in Bancor-Einheiten festgelegt werden. Zudem war eine „one-way-convertibility" vorgesehen. Es bestand die Möglichkeit einer Einzahlung in Gold, dem jedoch kein entgegengesetzter Umtausch gegenüberstand. Für die Abwicklung und Verrechnung der Transaktionen zwischen den Mitgliedsstaaten sah Keynes die Einführung einer International Clearing Union (ICU) vor.

Mit der Gründung der ICU sollte die institutionelle Schwäche des Fehlens eines internationalen Zahlungsausgleichs beseitigt werden. Keynes' Ziel war es, diesen dem auf nationaler Ebene nachzuempfinden. Auf der Aktiv-Seite der ICU befinden sich die Reserven und an Mitgliedsländer verliehene Kredite. Die Einlagen der Zentralbanken sind auf der Passivseite verbucht. Das Ungleichgewicht zwischen Nationen würde sich dann in der ICU widerspiegeln. Zeitweise darf eine Volkswirtschaft das für sie bestimmte Maximum überschreiten, muss aber Maßnahmen ergreifen, die die Bilanz wieder in ein Gleichgewicht bringen. Zentral für das Funktionieren von Keynes' Plänen ist die herausragende institutionelle Stellung der ICU (Piffaretti, 2008, S. 4 ff.). Keynes (1943, S. 90 f.) sah mit der Gründung einer internationalen Bank noch weitere Vorteile verbunden. Sie sollte bei dem Wiederaufbau nach dem Krieg sowie bei der Umverteilung der amerikanischen Goldreserven unterstützen und mit anderen Banken und Institutionen zusammen arbeiten, die einen Einfluss auf die Konjunktur haben.

Einer der zentralen Gedanken Keynes' ist der Versuch, sowohl Schuldner- als auch Gläubigerstaaten zum Abbau ihrer Salden zu motivieren und die Akkumulation von Liquidität zu erschweren (Handler, 2008, S. 5 f.). Auf der Konferenz in

Bretton-Woods, New Hampshire, kam es letztlich nicht zu all den angedachten Änderungen. Dexter White, Vertreter der amerikanischen Delegation, konnte seinen Plan aus einer weitaus stärkeren Position heraus durchsetzen. Die USA als Siegermacht des Zweiten Weltkrieges wollte sich keinem von den Briten entwickelten internationalen Währungssystem unterordnen, das zudem noch die Stellung des Dollars gefährden könnte. Die Bedeutung, die das Pfund Sterling während des zweiten Weltkrieges einbüßte, gewann der US-Dollar hinzu. Diese stärkte die Verhandlungsposition der USA maßgeblich. Keynes' Ideen wurden also nicht wegen ihrer Mangelhaftigkeit verworfen sondern lediglich aus politischen Gründen. Dies macht seine Vorschläge wieder aktuell und relevanter denn je. Der fundamentale Gedanke Keynes', das nationale Bankensystem auch auf internationale Transaktionen anzuwenden, erklärt die starke Unterstützung seines Planes, da dem internationalen Reservesystem kaum Regelwerke zu Grunde liegen. Andererseits sind aufgrund der Finanzkrise alle Regularien von Finanzmärkten auf dem Prüfstand.

4.3 Stiglitz' „global greenbacks"

Stiglitz (2006) stützt sich auf Keynes' Vorschläge und bezeichnet diese als „bemerkenswert einfache Lösung" (Stiglitz, 2006, S. 324 f.), die durch eine Reform der SZR erreichbar sei. Der Ökonom geht in seinen Ausführungen in „Die Chancen der Globalisierung" noch einen Schritt weiter und nennt seine Lösung „global greenbacks" oder „Weltdollar". Die Funktionsweise seines neuen Systems der Weltwährungsreserven wird im Folgenden vor- und die sich daraus ergebenen Chancen dargestellt. Stiglitz sieht in einer Reform die Möglichkeit die Sonderziehungsrechte weiterzuentwickeln. Als derzeitige Schwäche der SZR sieht er die zu seltenen Emissionen sowie die Zuteilungsweise, die sich nach den IWF-Quoten richtet, an. Nach seinen Plänen zahlen alle teilnehmenden Staaten einen vereinbarten Betrag an eine globale verwaltende Institution (Weltwährungsbehörde), von der sie Weltdollar in Höhe der zurückgestellten Reserven erhalten. Die Netto-Vermögensposition bleibt somit für jedes Land unverändert. Ohne Krisen blieben die Finanz- und Geldpolitik der teilnehmenden Staaten nahezu unverändert. Im Falle einer Währungskrise hat ein teilnehmender Staat die Möglichkeit Weltdollar gegen jede andere Hartwährung einzutauschen und kann durch den Verkauf dieser den eigenen Wechselkurs stützen. Fraglich ist welche Wechselkurse herangezogen werden sollten. Möglich wäre den Durchschnittskurs über einen vergangenen Zeitraum hinweg zum amtlichen Wechselkurs zu erklären. Um Spekulationen auf Wechselkursunterschiede zu unterbinden, sollten zusätzlich Beschränkungen des Währungsumtausches geschaffen werden. Statt Vergangenheitswerte als Wechselkurs zu verwenden hält es Stiglitz auch für möglich die Weltdollar auch Privatpersonen zugänglich zu machen. Dies würde dann zu einem „regulären" Marktpreis der global greenbacks und zu einem Handel wie mit einer herkömmlichen Währung führen. Desweiteren greift Stiglitz die Idee Keynes' auf auch Länder mit Leistungsbilanzüberschüssen in die Verantwortung zu nehmen, um so die reine Verschiebung von Defiziten von einem zum anderen Land zu verhindern. Als Thailand und andere betroffene Staaten der Asienkrise ihre Leistungsbilanzdefizite in Überschüsse verwandelten, musste mindestens ein anderer Staat dafür ein neues oder zumindest gestiegenes Defizit aufweisen. In diesem konkreten Fall war es Brasilien, das ein größeres Defizit akkumulierte. Es geschah das, was immer wieder eintreffen kann. Die Investoren kündigten aufgrund des wachsenden Defizits ihre Kredite und lösten so eine Krise aus. Die Nullsummenlogik des bestehenden Systems könnte beendet werden, indem auch die Volkswirtschaften in Verantwortung genommen werden, die einen Überschuss aufweisen. Die globale Summe der Leistungsbilanzen bleibt zwar bei null, aber es entsteht ein Polster an Weltdollar (Stiglitz, 2006, S. 324 ff.).

Die Realisation eines Vorschlags zur Veränderung des bestehenden Systems bedarf der Unterstützung und Zustimmung vor allem der USA. Da sich Weltdollar in den Reserven aller Länder befinden, ist es möglich den Bestand an USD (und Euro) zu verkleinern und damit der unzureichenden Gesamtnachfrage in dem Reservewährungsland entgegenzuwirken (siehe 3.1.3). Die Abhängigkeit des Systems von der Verschuldung eines einzelnen Landes fiele weg. Vollbeschäftigung könnte in den Vereinigten Staaten auch ohne ein wachsendes Haushaltsdefizit leichter erreicht werden.

Die Kreditaufnahme zu günstigen Konditionen bei Entwicklungs- und Schwellenländern würde wegfallen. Dies erhöht für die Vereinigten Staaten zwar die Kosten für die Finanzierung des Leistungsbilanzdefizits, es sorgt aber letztlich für mehr Gerechtigkeit. Der Ressourcentransfer von unten nach oben wäre gestoppt. Zudem, und hier sollte der Fokus des amerikanischen Interesses liegen, würde sich durch den Abbau der globalen Ungleichgewichte die Stabilität des Finanzsystems erhöhen. Durch die Finanzkrise ist dies wieder zu einem angestrebten Ziel geworden. Selbst einen Systemwechsel ohne Zustimmung der USA hält Stiglitz für möglich. Hierbei stellt er sich ein genossenschaftliches System vor, in dem die teilnehmenden Staaten nur noch die Währungen anderer Mitglieder in ihren Reserven führen. Somit könnte Druck auf die USA ausgeübt werden dem System ebenfalls beizutreten. Stiglitz' Hauptaugenmerk liegt aber auf der gerechteren Gestaltung der Globalisierung. Die Emissionen an Weltdollar könnten für Gesundheit und Umweltschutz eingesetzt werden. Ist der globale Finanzbedarf für öffentliche Güter gedeckt, soll der größte Anteil an die ärmsten Länder der Welt fließen. Unter Auflagen, wie z. B. dem Verbot der Entwicklung, des Besitzes oder des Weitergebens von Kernwaffen, könnte die Zuteilung vollzogen werden (Stiglitz, 2006, S. 326 ff.).

4.4 Vorschlag Chinas

> „The crisis again calls for creative reform of the existing international monetary system towards an international reserve currency with a stable value, rule-based issuance and manageable supply, so as to achieve the objective of safeguarding global economic and financial stability".

Diese Worte sprach kurz vor dem G20-Gipfel Anfang April 2009 in London Zhou Xiaochuan, Vorsitzender der chinesischen Notenbank. Er fordert eine Reformierung des internationalen Währungssystems. Vorschläge, die von chinesischer Seite kommen, haben ein besonderes Gewicht, v.a. auch, weil die Bekundungen für chinesische Verhältnisse untypisch öffentlich waren und auf die Gefahr hinwiesen, dass eine Abwertung von Dollar denominierten Assets besteht (Bergsten, 2009). Schließlich ist es vor allem die chinesische Zentralbank als Halter immenser Dollar-Währungsreserven, die die Konvention zum Kippen bringen kann. Investieren die Chinesen ihre Währungsreserven nicht weiter in US-Schatzwechsel werden die USA Probleme bei der Finanzierung ihres Leistungsbilanzdefizits bekommen. Unterstützt wird der chinesische Plan von Seiten Russlands und Brasiliens. Die Motivation Chinas ist klar: Die historisch rekordverdächtigen fiskalpolitischen Ausgaben der USA schüren die Angst vor einer Abwertung des amerikanischen Dollars. Zhou verweist auf einen dringlichen und durch die Krise an den weltweiten Finanzmärkten wieder aktuell gewordenen Reformbedarf. Die Frage, mit welcher internationalen Reservewährung stabile Finanzmärkte und die Versorgung mit ausreichender Liquidität gewährleistet werden können sei weiterhin unbeantwortet. Zudem hat die Vergangenheit gezeigt, dass monetäre Krisen immer wieder auftreten. Wiederholt wurde Chinas Forderung in ihrem im Juni veröffentlichten Report über

Finanzstabilität. Der PBoC-Vorsitzende stellt die Eigenschaften heraus, die eine internationale Reservewährung besitzen sollte:

- Einen Anker und Emissionen nach einem festen Reglement, um ein sicheres Angebot zu gewährleisten
- Ein flexibles Geldangebot, das für den Fall einer veränderten Nachfrage anpassungsfähig ist
- Angebotsanpassungen sollten unabhängig von ökonomischen Daten und Machtansprüchen eines einzelnen Landes sein

Zhou sieht das in Gliederungspunkt 2.4 beschriebene Triffin-Dilemma als weiterhin existent. Der Notenbank-Vorsitzende verweist explizit auf die bereits 1944 auf der Bretton-Woods Konferenz geäußerten Vorschläge John Maynard Keynes', der eine supranationale Institution, die International Clearing Union (ICU), und eine gemeinschaftliche Reservewährung vorschlug. Das Hauptziel einer Reformierung sieht Zhou in der Loslösung von der Abhängigkeit einer einzelnen Volkswirtschaft (den USA) und von den inhärenten Problemen des jetzigen Systems. Die Geldpolitik eines einzelnen Staates sollte keine so gravierenden Auswirkungen und Einflüsse haben wie es gegenwärtig der Fall ist. Ein Vorteil wird in der Möglichkeit gesehen den globalen Bedarf an Liquidität zu steuern. Der Vorschlag seitens Chinas fordert den Internationalen Währungsfonds dazu auf, sich über die herrschende Problematik bewusst zu werden und sich mit den Reformvorschlägen auseinanderzusetzen. Die Regulierung sollte unter Führung des IWF erfolgen (Zhou, 2009, siehe Anhang).

Drei zentrale Vorschläge wurden vorgestellt: Zunächst der Keynes-Plan, der Grundlage annähernd jedes Reformvorschlages ist und durch den Gedanken einer symmetrischen Verpflichtung von sowohl Gläubiger- als auch Schuldnerländer einen wichtigen Beitrag in der derzeitigen Ungleichsituation für die Reformdiskussion liefert. Der zweite Vorschlag stammt von einem renommierten amerikanischen Ökonomen, Joseph Stiglitz. Dieser sieht in seinen Reformgedanken die Möglichkeit, die fortschreitende Globalisierung gerechter zu gestalten. Anschließend wurde der Vorschlag der chinesischen Zentralbank vorgestellt. Dieser offenbart eine wachsende Skepsis gegenüber der Abhängigkeit vom USD. Werden diese Vorschläge bewertet muss die Motivation mitberücksichtigt werden, die dem jeweiligen Vorschlag zu Grunde liegt. Keynes' Plan war für die Verhältnisse seiner Zeit fortschrittlich, visionär. Er scheiterte aus politischen Gründen. Bei Stiglitz sind die angesprochene Gerechtigkeit und die Senkung der mit dem jetzigen System verbundenen Kosten die zentralen Aspekte. Bei dem Vorschlag von Zhou Xiaochuan spielen mehrere Faktoren eine Rolle. Vorrangiges Ziel Chinas ist die Werterhaltung ihrer Währungsreserven. Aber auch die Stärkung ihrer heimischen Währung liegt in ihrem Interesse. Im Falle der Sonderziehungsrechte hofft China auf den Einbezug des RMB in den SZR-Währungskorb. Da dessen Neu-Beurteilung im nächsten Jahr (2010) vorgesehen ist, ist diese Motivation besonders akut.

4.5 Schuldner-Gläubiger-Beziehung

Bisherige Systeme „throw the main burden of adjustment on the country which is in the debtor position on the international balance of payments" (Keynes, 1943, S. 28). Dieses Zitat des britischen Ökonomen liegt zwar gut 70 Jahre zurück, die angesprochene Problematik ist jedoch noch aktuell. Die Ausgestaltung der Schuldner-Gläubiger-Beziehung ist ein zentraler Punkt in Keynes' Plänen. Er verweist in seinen Schriften immer wieder darauf, dass

> „The main point is that the creditor should not be allowed to remain passive. For if he is, an impossible task is laid on the debtor country, which is for that very reason in the weaker position, so that the evils with which we are familiar are very likely to ensure" (Keynes, 1943, S. 49).

Genau wie ein Defizitland in der Verantwortung steht, muss auch das Gläubigerland in die Pflicht genommen werden. Um dies zu erreichen, sah Keynes eine Limitierung der Akkumulation sowohl von Überschüssen als auch von Defiziten vor. Dazu wird jeder Volkswirtschaft eine Quote für ihre Maximalverschuldung gegenüber der ICU zugewiesen. Diese kann über die Zeit hinweg an veränderte Anforderungen angepasst werden. Ist der Durchschnittssaldo einer Nation in einem Jahr höher als ein Viertel der vereinbarten Quote muss 1 % des Differenzbetrags an die ICU beziehungsweise deren Reserve-Fonds gezahlt werden. Bei einer Überschreitung der zugeteilten Quote um mehr als die Hälfte erhöht sich die zu zahlende Gebühr auf 2 % des Differenzbetrags. Diese zu entrichtende Gebühr ist unabhängig davon, ob es sich bei dem Land um einen Gläubiger oder Schuldner handelt. Es besteht zudem die Möglichkeit diese Kosten zu verringern, indem Schuldnerstaaten Anleihen aus den Guthaben von Gläubigerstaaten aufnehmen. Kommt es zu einer solchen Vereinbarung wird sich der Anleihezins bei < 1 %, bzw. < 2 % befinden. Auch ein negativer Anleihezins ist denkbar, da das Land mit Guthaben immer noch besser gestellt ist als bei einer Gebührenentrichtung von 1 % oder 2 % an die ICU (Keynes, 1943, S. 37). Zusätzlich kann die Clearing Union bei Quotenüberschreitung für eine Wechselkursanpassung sorgen. Eine Kursanpassung gegenüber dem Bancor erfolgt im Falle eines 25-prozentigen Überschreitens der Quote. Die ICU kann parallel dazu Maßnahmen empfehlen, die zu einer Rückkehr zum Gleichgewicht führen. Diese Sanktionsmöglichkeiten verstärken sich noch im Falle eines Überschreitens von mehr als 75 % der angedachten Quote. Dann könnte die ICU bei einem Nichterreichen des Ziels innerhalb von zwei Jahren dem betreffenden Land die Möglichkeit entziehen weitere Schulden anzuhäufen. Bei einer übermäßigen Akkumulation von Guthaben (> 50 % der Quote) werden Maßnahmen vereinbart, die zu einer Trendwende führen. Diese sollten z.B. eine Erhöhung der Binnennachfrage oder eine Aufwertung der heimischen Währung gegenüber dem Bancor auslösen. Auch der Abbau von Importbeschränkungen oder die Gewährung von Darlehen an aufstrebende Volkswirtschaften ist denkbar (Betz, 2002, S. 7).

Auch Stiglitz berücksichtigt diese notwendige Symmetrie in seinen Ausführungen und kritisiert die reine Verschiebung von Defiziten. Suhr und Godschalk sprechen von einer „einseitige Anpassungslast für die Defizitländer" (Suhr & Godschalk, 1986, S. 120). Die von Defizitländern zu zahlenden Zinsen und die Tilgung des Defizits erhöhen das Liquiditätsproblem. Dieses ist der Ursprung für den umgekehrten Zahlungsverkehr von Entwicklungs- zu Industriestaaten. Wird die Beziehung von Schuldner und Gläubiger verbessert, kann der Zahlungsverkehr wieder in die richtige Richtung gedreht und Krisen durch die Verschiebung von Defiziten verhindert werden. Keynes' Gedanke von der Symmetrie zwischen Schuldner und Gläubiger ist heute immer noch aktuell und wie das Leistungsbilanzdefizit der USA zeigt ebenfalls akut.

4.6 Zukunft der Sonderziehungsrechte

Die vorgestellten Reformvorschläge zielen auf eine Aufwertung der Bedeutung von Sonderziehungsrechten ab. Nachfolgend werden die alternativen Gestaltungsmöglichkeiten einer Währungsordnung dargestellt, bei denen die SZR eine größere Rolle spielen. Zunächst werden die Potentiale und Probleme gegenübergestellt, die eine SZR-Aufwertung mit sich bringen und die Möglichkeit untersucht den Sonderziehungsrechten eine materielle Wertdeckung zu geben, um das Vertrauen der Marktteilnehmer in ihre Wertstabilität zu erhöhen. Abschließend wird ein Blick auf die aktuelle Diskussion geworfen, die zeigt, inwieweit sich die politischen Entscheidungsträger der G-Staaten mit den Reformgedanken auseinandergesetzt haben.

4.6.1 Gestaltungsmöglichkeiten

Im Jahr 2001 veröffentlichten die Vereinten Nationen den Zedillo-Report. Dieser Bericht befasste sich u. a. mit der zukünftigen Rolle der SZR. Zentrale Aussage des Berichts ist die Nutzung von SZR zur Entwicklungshilfe. Der IWF sollte die Zuteilung von SZR wieder aufnehmen, um das US-Defizit zu reduzieren und die Staaten SZR akkumulieren lassen, die einen hohen Währungsreservebestand zur Absicherung gegen Währungskrisen präferieren (Zedillo, 2001, S. 22 f.) Bis zur Veröffentlichung der Reformgedanken des PBoC-Vorsitzenden, Zhou, war die Diskussion über Nutzungsmöglichkeiten von Sonderziehungsrechten auf die Entwicklungshilfe begrenzt. Zhou macht aber deutlich, dass Sonderziehungsrechte auch ein naheliegender Ansatzpunkt für Reformvorschläge sein können. Die Internationale Gemeinschaft hat in diesem Fall bereits gezeigt, dass sie gemeinsam Liquidität schaffen kann. Die Realisierbarkeit einer Währungsreform scheint zudem auf Basis eines bereits existierenden Mediums am ehesten möglich zu sein. Zhou äußert sich über Sonderziehungsrechte wie folgt: „Yet, the role of the SDR has not been put into full play due to limitation on its allocation and the scope of its uses. However, it serves as the light in the tunnel for the reform of the international monetary system" (Zhou, 2009). Für den Beginn einer Entwicklung in Richtung eines SZR-System sieht der chinesische Vorschlag die Ausgabe von SZR-denominierten Anleihen des IWF vor. Weitere Schritte könnten dann sein SZR regelmäßig auszuschütten und sie für die Bewertung von Rohstoffen zu verwenden. Nach erfolgreichen Allokationen sieht Zhou die Möglichkeit vor SZR auch für private Wirtschaftssubjekte zugänglich zu machen und für die betriebswirtschaftliche Buchhaltung zu verwenden. Auf diesem Wege könnte die Volatilität von USD-Aktiva eingegrenzt werden. Eine weitere Forderung Zhou's, nämlich die Gerechtigkeitszuteilung zu ratifizieren, ist wie in 4.1 erwähnt durch den IWF bereits beschlossen. Zudem sollte der Währungskorb, auf dem die SZR beruhen, überarbeitet und v. a. weiter gefasst werden. Ein Einbezug des Bruttoinlandsprodukts (BIP) der Staaten wäre als weitere Bemessungsgrundlage denkbar. Hier greift vor allem die Motivation Chinas durch eine größere Bedeutung des BIP an Mitspracherecht dazu zu gewinnen. Ein weiter Punkt ist der Vorschlag zur Einführung eines Substitutions-kontos.

Zusammenfassend lassen sich grundsätzlich zwei alternative Wege der SZR für die Zukunft erkennen. Eine Aufwertung ihrer Bedeutung in einem weiterhin vom USD dominierten System oder die Sonderziehungsrechte selbst in das Zentrum des Währungssystems zu stellen. Beide Alternativen werden nachfolgend dargestellt.

Eine reguläre – zum Beispiel jährliche – SZR-Zuteilung wäre eine Möglichkeit, die Kosten des gegenwärtigen Systems zu senken. Um den rechtlichen Anforderungen zu entsprechen, müsste entweder ein globaler Bedarf an Währungsreserven („global need") festgestellt oder eine Gesetzesänderung vorgenommen werden. In dem veränderten Gesetz müsste dann eine neue Regelung gefunden werden, nach der der Währungsfonds den Bedarf ermitteln und Sonderziehungsrechte zuteilen darf (Clark & Polak, 2004, S. 68 f.).

Interventionen am Devisenmarkt verlaufen zumeist zwischen Offiziellen und privaten Akteuren. Bisher muss eine Zentralbank, die am Devisenmarkt intervenieren möchte, erst ihre SZR-Guthaben in eine interventionsfähige Währung eintauschen. Halten auch private Anleger auf SZR lautende Finanztitel, würden diese Interventionen potenziell möglich werden ohne SZR vorher eintauschen zu müssen. Die Voraussetzung dafür, dass Private bereit sind SZR zu halten, bringt ein Paradoxon dieses Vorschlags zum Vorschein. Ein privater Anleger hält dann SZR, wenn es einen ausreichend großen Markt[9] gibt, auf dem diese investiert werden können. Da bisher kein solcher Markt existiert, bleibt diese Möglichkeit problematisch. Eine größere Zahl an langfristigen Anlagemöglichkeiten müsste SZR denominiert sein, um für Private attraktiv zu werden (Williamson, 2009, S. 5). Zhou schlägt deshalb die Emission von IWF-Anleihen und später weiteren Anlagemöglichkeiten vor.

Stiglitz' Vorschläge zielen in die gleiche Richtung. Er rechnet vor, dass unter Annahme von einem weltweiten Reservebestand von 3.000 Mrd. $ und einem Handelswachstum von 7 % bereits eine jährliche SZR-Zuteilung von 200 Mrd. $ den globalen Bedarf an zusätzlichen Währungsreserven zufriedenstellt (Greenwald & Stiglitz, 2006, S. 12).

Eine Stärkung der SZR in einem weiterhin vom USD dominierten System würde verschiedene Auswirkungen auf die Verteilung von Seignorage, die Elastizität des Reserveangebots und globale Ungleichgewichte haben. Der positive Effekt flexibler Wechselkurse ist in diesem Fall, dass ein Staat, der das

---

[9] Die Formulierung „ausreichend groß" heißt in diesem Zusammenhang, dass es verschiedene und genügend SZR denominierte Assets gibt, in die investiert werden kann. Hohe Bedeutung wird vor allem langfristigen Anlagemöglichkeiten geschenkt.

SZR Wachstum für zu expansiv hält, diesem mit Wechselkursanpassungen entgegenwirken kann. Die aufgetretenen Zahlungsbilanz-Ungleichgewichte könnten durch diese Reformierung des derzeitigen Systems beseitigt werden. Wenn das Wachstum an SZR dem des globalen Bedarfs an Währungsreserven entspräche, gehörten globale Ungleichgewichte in Zahlungsbilanzen der Vergangenheit an und die USA wäre nicht mehr in der Verpflichtung ein Leistungsbilanzdefizit aufzuweisen. Ein Nachteil für die Vereinigten Staaten ergäbe sich durch die dann neue Verteilung von Seignorage, die sich nach den IWF Quote richten würde (Williamson, 2009).

Williamson sieht neben den Ideen SZR auch für Private zugänglich zu machen und die Frequenz der Allokationen zu erhöhen eine weitere Möglichkeit SZR aufzuwerten: eine Reform der gesamten Währungsordnung nach der die Sonderziehungsrechte im Zentrum des Reservesystems stehen. Die Vormachtstellung des USD wäre dann durch SZR abgelöst. In einem solchen System würde die überwiegende Mehrheit an Weltwährungsreserven SZR denominiert sein. Der Bestand an und das Wachstum von SZR bestimmen den Bestand und das Wachstum der globalen Währungsreserven. Wechselkurse werden in SZR ausgedrückt mit der Sicherstellung, dass gerade die Währungen, die in den Währungskorb mit einfließen, untereinander konsistent sind. Dies erfordert eine Form des Vermögensausgleichs. Die Volkswirtschaften, die sich einen größeren Bestand an Währungsreserven leisten wollen, müssen bereit sein, diese in SZR umzutauschen. Andernfalls ist die Komposition der globalen Reserven von der Verteilung eines einzelnen Staates abhängig. Erforderlich sind zudem konsistente Referenzkurse. Um den Vereinigten Staaten als Defizitland dieses System näherzubringen und es insgesamt gerechter zu machen, ist ein zusätzlicher, starker Wechselkurs-Anpassungsdruck erforderlich. Der angesprochene Vermögensausgleich übt Druck auf Defizitländer aus. Überschussländer sollten sich ebenso einem Druck ausgesetzt sehen. Dazu dient die Idee eines „Reserven Indikator" Systems: Jeder teilnehmende Staat erhält für den Bestand an Währungsreserven ein Ziellevel, das er erfüllen muss. Um den Zielwert besteht ein Toleranzbereich sowohl nach oben als auch nach unten. Wenn eine Nation ihre Währungsreserven zu stark ausbaut muss sie einen Anpassungsprozess einleiten, um das Ziel wieder erfüllen zu können. Zu Beginn dieses Systems wird den teilnehmenden Staaten ein Konto eingerichtet, auf dem sie ihre bisherigen Währungsreserven in SZR bis zu einem festgeschriebenen Limit umtauschen können. „There seems to be no technical reason why the world should not adopt such a system at the present time" resümiert US-Ökonom Williamson über diese Möglichkeit (2009, S. 6).

Williamson (2005, S. 7) sieht drei Szenarien, in denen er eine Reform für möglich hält. Die erste ist bei einem Anstieg der Wechselkurse, die zurzeit noch künstlich unterbewertet werden, wie beispielsweise der des chinesischen Renminbi. Dieser Anstieg wird seines Erachtens nach früher oder später erfolgen, entweder durch einen nominalen Anstieg des Wechselkurses oder inflationsgetrieben. Eichengreen hingegen geht davon aus, dass die merkantilistische Strategie noch mindestens ein Jahrzehnt anhalten wird (Eichengreen, 2004). Die zweite Möglichkeit eine Reform durchzusetzen ist in wirtschaftlichen Krisenzeiten. Significante Reformen oder Reformversuche des Währungssystems gab es historisch gesehen immer aus einer Krise heraus. Die dritte ist, dass führende Personen bzw. Institutionen den Bedarf an Reformen bereits ex ante einer Krise feststellen und reagieren. Diese Variante hält Williamson jedoch für weniger wahrscheinlich. Folglich könnte die aktuelle Finanz- und globale Wirtschaftskrise eine Chance zu einer Reform der Weltwährungsordnung bieten.

4.6.2 Potentiale und Probleme

Grundvoraussetzung um zu einer Währungsordnung zu gelangen, in der Sonderziehungsrechte gegenüber dem USD als Reservewährung bevorzugt werden ist eine herausragende Stellung der Sonderziehungsrechte im neuen System. Nur wenn sie entweder als Hauptreservemedium eingesetzt werden oder die Stellung soweit aufgewertet wird, dass sie zu einer signifikanten Reservemöglichkeit „aufsteigen", können die SZR die ihr zugedachte zentrale Rolle in einer reformierten Währungsordnung ausfüllen.

Mögliche Potentiale und Probleme, die eine Aufwertung der Stellung von Sonderziehungsrechten mit sich bringt, werden im Folgenden erörtert. Der Fokus liegt dabei auf den Auswirkungen auf die weltweiten Zahlungsbilanzen (einschl. des Levels der Währungsreserven), auf die Stabilität des Finanzsystems sowie auf die Binnenwirtschaft der USA.

Die Vorteile von SZR im Vergleich zu einer nationalen Währungen sieht Warren Coats (2009, S. 8) vor allem in einer erhöhten Wertstabilität. Das Angebot an SZR basiert auf einer gemeinsamen Entscheidung der Staaten und erhält dadurch seine breite Unterstützung und Tragfähigkeit. Die Notwendigkeit für ein Leitwährungsland ein Defizit zur Unterstützung anderer Länder aufzubauen entfällt damit. Hierin ist der Hauptvorteil von SZR zu sehen. Das Angebot an SZR kann dem Bedarf – also der globalen Nachfrage – angepasst werden. Nach Coats werden die USA notwendige Marktanpassungen vornehmen müssen und können diese nicht länger umgehen wenn die SZR als Reservemedium fungieren. Verfolgt z. B. die Volksrepublik China weiterhin eine Strategie des „exportled", würden die zur Stützung des nominalen Wechselkurses gekauften Dollar für SZR an die USA verkauft werden. Sobald die USA eine Knappheit an SZR aufweisen, würden sie durch steigende Zinsen ausländisches Kapital anziehen (Coats, 2009, S. 8). Es entstünde ein automatischer Anpassungsprozess.

Mit den Sonderziehungsrechten als Reservemedium werden auch die Kosten der nicht ausgeschöpften Potentiale der Weltwirtschaft verringert. Muss im derzeitigen System das Reservewährungsland ein Defizit aufbauen, um die Nachfrage nach Währungsreserven zu befriedigen, entstehen reale Kosten. Dies ist bei SZR so nicht der Fall. Ein Staat zahlt den SZR-Zinssatz für die zugeteilten SZR und erhält den SZR-Zinssatz für den gehaltenen Gesamtbestand. Sind diese beiden Werte identisch entstehen außer einer geringfügigen Gebühr durch das Halten dieses Reservemediums keine Kosten. Die so eingesparten Kosten könnten für den binnenwirtschaftlichen Konsum oder Investitionen genutzt werden. Der zentrale Aspekt ist dabei die erhöhte Stabilität des internationalen Finanzsystems, da die Abhängigkeit von der Entwicklung des USD kleiner werden würde.

Soros sieht in der Zuteilung von Sonderziehungsrechten die Möglichkeit einer antizyklischen Wirtschaftspolitik. Die Allokation kann in einer wirtschaftlichen Krisenphase (wie gegenwärtig) erfolgen und wird dann abhängig von der Notwendigkeit beim Aufschwung wieder abgeschöpft (Soros, 2009, S. 2 f.). Die Ungerechtigkeit, die sich heute in Form des Ressourcentransfers von unten nach oben zeigt, kann behoben oder zumindest deutlich abgeschwächt werden. Entwicklungs- und Schwellenländer wären in geringerem Maße verpflichtet Dollar-Vermögenswerte anzuhäufen. Abhängig davon in wieweit die Rolle der SZR aufgewertet werden würde bieten diese eine zusätzliche Reservemöglichkeit. George Soros sieht schon in der von der G20 verabschiedeten Zuteilung von SZR im Wert von 250 Mrd. $ eine Spendenmöglichkeit von Industriestaaten an Entwicklungsländer.[10] Auch Stiglitz befürwortet die Idee SZR als Instrumentarium zur Entwicklungshilfe zu nutzen. Die jetzige Ungerechtigkeit könnte dadurch

---

[10] Siehe zu Soros' Vorschlag zur Verwendung von der G20 Zuteilung: Soros, G. (2009): Weißer Fleck auf der G20-Agenda: Das Potential der Sonderziehungsrechte. In: Informationsbrief Weltwirtschaft & Entwicklung Hintergrund Mai 2009. Für seinen generellen Vorschlag zur Nutzung von Sonderziehungsrechten, siehe: Soros, G. (2002): Der Globalisierungsreport. Weltwirtschaft auf dem Prüfstand. Dt. Ausgabe. Alexander Fest Verlag.

sogar umgedreht werden. Zudem sind SZR zumeist höher verzinst und damit rentabler als T-Bills. Dies lässt sich allerdings nicht unbestimmt fortsetzen, da sich die SZR-Verzinsung aus vier variablen Zinsen zusammensetzt. Ist das Zinsniveau in Europa, dem Vereinten Königreich und Japan niedriger als das Zinsniveau in den USA dann liegt auch der SZR-Zins unter der T-Bill Verzinsung.

Ein großes Potential der Sonderziehungsrechte liegt in der Realisierung von Keynes' Gedanken zur symmetrischen Verantwortung von Schuldner- und Gläubigerstaaten. Werden die auf SZR lautenden Währungsreserven durch den IWF verwaltet, besteht die Möglichkeit ein als zu groß empfundenes Defizit oder auch einen zu hohen Überschuss durch Gebühren einzudämmen. Die Erhebung von Gebühren wie von Keynes vorgeschlagene würde die Entstehung von Zahlungsbilanzungleichgewichten wie sie heute existieren verhindern. Stiglitz und Greenwald greifen Keynes' Gedanken auf. Sie schlagen eine Besteuerung der SZR-Zuteilungen für Überschussländer vor, womit auch diese einem Druck zur Anpassung ausgesetzt wären (Greenwald & Stiglitz, 2006, S. 12).

Bleibt die Frage nach den mit SZR verbundenen Risiken. Eine Theorie besagt, dass Entwicklungsländer ihre zusätzlichen SZR nicht den Währungsreserven zuführen, sondern eher für einen kurzfristigen Konsumstimulus verwenden werden, was das Preisniveau in den betreffenden Staaten erhöhen würde (Clark & Polak, 2004, S. 61 ff.).

Swaminathan Aiyar (2009, S. 9 ff.) vom CATO Institute sieht eine Aufwertung der Stellung von Sonderziehungsrechten ebenfalls kritisch. Aiyar interpretiert den chinesischen Reformplan als Rettungssuche. Er stellt die Frage warum der Währungsfonds bzw. der Rest der Welt (der durch den IWF präsentiert wird) China und andere Staaten mit hohen Devisenbeständen von dem Risiko einer Dollarabwertung befreien sollte. Die PBoC habe sich durch ihre merkantilistische Strategie selbst erst in die Stresssituation gebracht und sollte nun eine Reserve-umschichtung nach eigenem Ermessen vollziehen. Ein Substitutions-konto wie es beispielsweise Williamson (siehe 4.5.2) vorschlägt sei zwecklos, da u. U. die Diversifizierung in Euro, Yen und Pfund genau den Anteilen entspricht mit denen diese Währungen auch in die SZR eingehen. In diesem Fall, so Aiyar, ist eine Unterstützung seitens des IWF in Form eines Substitutionskontos nicht nötig. Der Ökonom geht in seinen Ausführungen jedoch nicht darauf ein, dass die PBoC eine Neueinteilung des SZR-Währungskorbs forciert und darauf drängt dem RMB einen angemessenen Anteil zuzubilligen. In einem optimistisch geplanten System würden weitaus mehr Währungen in SZR einfließen als es heute der Fall ist. Aiyar sieht SZR als „*exchange traded fund*" (ETF), einem Index der, wie in diesem Fall, eine Reihe von Währungen repräsentiert. Seine Kritik an der Einführung eines Substitutionskontos basiert darauf, dass ETFs keinen neuen Wert darstellen sondern nur ein Bündel von Währungen sind. Der Devisenmarkt könnte auch ohne ein Substitutionskonto zum selben Ergebnis kommen. Ein solches Konto würde, so Aiyar, das derzeit von China getragene Risiko einer Dollarabwertung zum IWF übertragen. Verliert der US-Dollar an Wert nachdem das Konto eingerichtet wurde fallen die in Dollar denominierten Vermögenswerte auf der Passivseite des IWF. SZR sind dann ein „Collateralized Debt Obligation"[11] (CDO) des IWF, so Aiyar (2009, S. 10). Die hinterlegten Vermögenswerte (Underlyings / Collaterals) sind – in USD denominierte – US-Staatsanleihen. Verliert der USD dann an Wert, verliert auch das Underlying des CDO an Wert, was vom IWF getragen werden müsste.

Ein weiteres potentielles Problem liegt darin, dass durch das flexible Angebot an SZR die Weltwirtschaft zwar mit Liquidität versorgt werden kann, aber die optimale Höhe der internationalen Liquidität nicht feststeht bzw. noch nicht einmal geklärt ist, wie man diese am besten ermittelt. Das internationale Handelswachstum ist nur eine Möglichkeit.

Williamson hält die Steuerung der Wachstumsrate von globalen Währungsreserven allein durch das SZR-Wachstum für unrealistisch. Dies sei solange nicht möglich, wie eine Zentralbank noch das Recht besitzt auf eine Akkumulierung von USD umzusteigen. Ist eine Notenbank mit der Zuteilung oder Emission von SZR nicht einverstanden schichtet sie in Dollar oder eine andere Währung um und verhindert somit, dass der IWF sein geplantes SZR-Wachstum erreichen kann (Williamson, 2009).

Entscheidend in der Diskussion über das Potential von SZR ist die politische Durchsetzbarkeit. Eine weitreichende Veränderung des internationalen Währungs- und Reservesystems ist momentan nur mit der Unterstützung der USA möglich. McCallum z. B. bezeichnet eine Zustimmung seitens der Vereinigten Staaten zu Zhou's Plänen als „foolish" (2009, S. 2 f.). Eine Übergabe von Macht an den Internationalen Währungsfonds ist nach Meinung des Ökonomen nicht im Interesse der USA, v. a. im Hinblick auf die anstehende Quotenreform, durch die die USA an Mitspracherecht und Einfluss innerhalb des IWF verlieren werden. Ein Problem, das sich an die Zustimmung durch die USA anschließt, ist die Frage danach, welche Institution für eine globale Reservewährung zuständig sein sollte.

---

[11] Ein CDO ist eine Form der Asset Backed Securities (ABS). Verbriefte Schuldtitel, denen ein Vermögenswert, das Underlying zu Grunde liegt.

Die Gründung einer neuen supranationalen Institution ist die eine Möglichkeit, der etablierte Internationale Währungsfonds die Alternative. Die Lösung mit dem IWF scheint die realistischere und erfolgversprechendere zu sein. Institutionen müssen sich durch Erfahrungen weiterentwickeln (King, 2004, S. 6) und lassen sich nicht ohne weiteres einführen. Unabhängig von der zuständigen Institution ist eine Neueinteilung der Quoten, bei denen derzeit die Schwellenländer stark unter- und die Vereinigten Staaten sowie Europa noch stark überrepräsentiert sind, eine Grundvoraussetzung für ein reformiertes Währungssystem. Darüber hinaus wird u. a. ein System doppelter Mehrheiten gefordert und v. a. eine Verbesserung der Zusammenarbeit mit den Schwellenländern, die sich nach den Krisen in den vergangenen Dekaden vom IWF abgewandt haben (Setton & Kubitza, 2007). Eichengreen, der sich mit der nötigen Finanzarchitektur für die Zeit nach der Asienkrise beschäftigt, fordert ebenfalls eine Reformierung des Währungsfonds. Der Fonds soll durch seine zentrale Position die Kommunikation zwischen Gläubiger- und Schuldnerstaaten verbessern. Insgesamt soll die Kommunikation zwischen internationalen Institutionen und den nationalen Zentralbanken intensiviert werden. Eichengreen fordert eine aktivere Rolle des IWF hin zu einem „policymaker", v. a. im Hinblick auf die bereits dargestellte Schuldner-Gläubiger-Beziehung. Eine positive Folge für den Fonds ist dann die gestiegene eigene Legitimation (Eichengreen, 1999, S. 15 ff.).

Die Frage nach der Institution und deren Stellung ist ein zentraler Punkt bei der Ausgestaltung eines Währungssystems. Alessandrini und Fratianni sehen in ihrem Reformvorschlag, der stark an Keynes' Ideen angelehnt ist eine „New International Clearing Union" (NICU) vor. Diese geht aus einem Abkommen von Zentralbanken hervor. Entweder als neue Institution, oder eingebettet in den IWF oder die BIZ (Alessandrini & Fratianni, 2009, S. 13).

Einen zusammenfassenden Überblick der dargestellten Potentiale und möglichen Probleme einer Aufwertung von Sonderziehungsrechten wird in Tabelle 4 gegeben.

Tabelle 4: Potentiale und Probleme einer SZR-Aufwertung

Aufwertung von Sonderziehungsrechten	
Potentiale	**Probleme**
Flexible Steuerung des Liquiditätsangebots	Unklare Methodik zur Festellung der optimalen Liquidität
Gesteigerte Gerechtigkeit	Entwicklungsländer setzen Zuteilung für kurzfriste Konsumankurbelung ein
Schaffung von Liquidität, die auf einer gemeinschaftlichen Entscheidung beruht	Politische und Institutionelle Realisierbarkeit
Symmetrische Verantwortung von Schuldner- und Gläubigerstaaten	
Zusätzliche Reservemöglichkeit	Eventuelle Abwertung des US-Dollar
Senkung der heutigen Kosten	
Stabilere globale Finanzarchitektur	Inflationäre Tendenzen

Eigene Darstellung

4.6.3 Wertdeckung

Im chinesischen Reformvorschlag wird auf die Möglichkeit eingegangen den Wert der SZR durch hinterlegte Rohstoffe zu decken, um das Vertrauen in die Wertstabilität der SZR zu steigern. Warren Coats sieht in dieser Wertstabilität einen Vorteil gegenüber nationalen Währungen. Er schlägt Gold, einen Korb an Rohstoffen oder Waren und Dienstleistungen vor (2009, S. 8), um das Vertrauen in SZR zu stärken und damit zu einer Wertstabilität beizutragen.

Ein Vergleich zum Goldstandard drängt sich unwillkürlich auf. 1997 prophezeite Robert Mundell in Bezug auf die Rolle des Goldes im 21. Jahrhundert, dass Gold weiterhin ein Teil des Währungssystems sein wird, jedoch nicht in dem Ausmaß wie es in der Vergangenheit der Fall war. Den Hauptunterschied zwischen heute und der Zeit des Goldstandards sieht er in der Existenz von nur einer Supermacht (den USA) in der Weltwirtschaft. Im Goldstandard hingegen existierte ein Gleichgewicht zwischen den Blöcken (1997, S. 11).

Die Golddeckung hat sich bereits in der Vergangenheit als nicht erfolgreich erwiesen. Eine, wenn auch nur partielle, Wertdeckung beseitigt nicht das bestehende Problem. Unabhängig davon, dass sie unmodern erscheint und eher wie ein Schritt zurück als ein Sprung in eine neue Zeit aussieht. Stiglitz führt als einen Kostenpunkt des gegenwärtigen Systems die unzureichende Gesamtnachrage an, weil die existierenden Währungsreserven anders eingesetzt werden könnten (siehe 3.1.3). Wird nun ein ganzer Korb an Rohstoffen einem neuen SZR-System hinterlegt, bleiben diese Kosten, wenn auch in veränderter Form, bestehen. Die Lagerung und auch die physische Übertragung von Rohstoffen sind kostenintensiv. Bei dem Versuch, die Kosten des jetzigen Systems zu senken, entstehen damit neue Kosten. Am ehesten denkbar ist die Nutzung von Gold bei der ersten Einführung eines Substitutionskontos, um diesem neu geschaffenen Medium die Vertrauensbildung zu erleichtern. Hier stellt sich die Frage, ob der Internationale Währungsfonds bereit ist seine Goldreserven für diesen Zweck zur Verfügung zu stellen. Im Falle einer materiellen Wertdeckung von Sonderziehungsrechten gilt es zudem zu bedenken, dass der oder die Preise der zugrunde liegenden Rohstoffe möglichst konstant gehalten werden müssen, womit sich ein neues Problem auftut. Rohstoffe sind Ansatzpunkt für Spekulationen. Folge sind schwankende Preise.

4.6.4 Stand der Diskussion

Der Vorstoß Zhous hat als erster Reformvorschlag Chinas große Resonanz in der Öffentlichkeit hervorgerufen. Zustimmung erhielt er vor allem aus Brasilien und Russland. Aber auch der US-amerikanische Finanzminister Timothy Geithner zeigte sich offen gegenüber Reformgedanken zur Stärkung der SZR. Für ihn steht aber fest, dass der US-Dollar auch weiterhin die dominante Währung in der Welt bleiben wird. Ziel der PBoC war es, das Thema beim Treffen der G20-Staaten dieses Jahres in London in den Mittelpunkt zu stellen. Seitdem gab es bereits mehrere Treffen der politischen Entscheidungsträger, denen weitere folgen werden. Hier erfolgt ein zusammenfassender Überblick über den aktuellen Stand der Diskussion und Umsetzung.

Treffen der G20, 2.4.-4.4.2009 in London

Die Staaten der G20 beschließen in London erstmalig seit über dreißig Jahren eine SZR-Zuteilung mit dem Ziel, der rezessiven Weltwirtschaft entgegenzuwirken. Als Reaktion auf die Finanzmarktkrise und deren realwirtschaftliche Auswirkungen bekommt der Internationale Währungsfonds 750 Mrd. $ zugebilligt. 250 Mrd. $ entfallen davon auf eine neue SZR-Zuteilung (G20, 2009, S. 1).

Die tatsächliche Allokation erfolgt am 28. August 2009 (IMF, 2009b). Jeffrey Sachs, Professor der Universität Columbia, zeigt sich zufrieden mit den Ergebnissen des Treffens, kritisiert aber das Fehlen der Themen „Wechselkurse" und „die Rolle des Dollars" (Sachs, 2009).

Am 16. Juni trafen sich erstmals Vertreter Brasiliens, Russlands, Indiens und Chinas zu einem offiziellen Treffen der BRIC-Staaten.

Konferenz der Vereinten Nationen, 24.6.-26.6.2009 in New York, USA

Vom 24. bis 26. Juni 2009 fand die „Conference on the World Financial and Economic Crisis and Its Impact on Development" der Vereinten Nationen (UN) in New York statt. Die UN bezeichnen zwar nicht direkt die Ungleichgewichte in den weltweiten Zahlungsbilanzen als eine Ursache für die Finanzkrise, jedoch sprechen sie von „major underlying factors in the current situation included inconsistent and insufficiently coordinated macroeconomic policies and inadequate structural reforms", die zu einem untragbaren globalen makroökonomischen Ausgang führten (UN, 2009, S. 4). In Bezug auf Sonderziehungsrechte forderten die Vereinten Nationen eine zeitnahe Umsetzung der 250 Mrd. $ SZR-Zuteilung, die auf dem G20 Gipfel in London beschlossen wurde. Zusätzlich wird für die Durchführung der Gerechtigkeits-zuteilung (siehe 2.5.2) von 1997 plädiert. Beides ist mittlerweile umgesetzt worden. Das Potential zusätzlicher Zuteilungen zur Befriedigung globaler Liquiditätsnachfrage und zur Vermeidung weiterer Krisen soll zudem weiter geprüft werden. Auch auf die Vorschläge zur Reformierung des Reservesystems wird in dem Abschlussbericht der Konferenz eingegangen, allerdings ohne klar Stellung zu beziehen. Es wird lediglich auf die Prüfung von Reformen sowie auf ihre Machbarkeit und Zweckmäßigkeit verwiesen. Eine mögliche stärkere Stellung der Sonderziehungsrechte wird dabei auch erwähnt (UN, 2009, S. 11 f.).

Treffen der G8, 8.7.-10.7.2009 in L'Aquila, Italien

Die Finanzminister der G8 berieten sich vom 12.6.-13.6.2009 in Lecce, Italien, über Strategien eines Ausweges aus der Finanzkrise. Diskussionen über globale Ungleichgewichte oder die Rolle des Dollars wurden dort nicht geführt. Beim nächsten Treffen der G8 Staaten in Italien, diesmal in L'Aquila vom 8.7.-10.7.2009, standen mögliche Reformen des Währungssystems wiederum nicht auf der Agenda und wurden auch nicht am Rande diskutiert. Die acht führenden Industriestaaten und fünf führende Schwellenländer, die ein Nebentreffen abhielten, einigten sich einzig darauf von individuellen Währungsabwertungen abzusehen. Zudem wurde das Ziel vereinbart „a stable and well-functioning international monetary system" zu unterstützen ohne konkreter darauf einzugehen, wie dieses aussehen könnte und umgesetzt werden sollte (G8, 2009, S. 3). Die Regierungsvertreter der einzelnen Staaten äußerten sich am Rande des Treffens mit gegensätzlichen Aussagen. Frankreichs Staatspräsident Nicolas Sarkozy bemerkte auf einer Pressekonferenz kritisch zur Dominanz des US-Dollars:

> „Wir müssen die Frage stellen: Sollte eine Welt, die politisch multipolar ist, nicht wirtschaftlich mit einer multimonetären Welt korrespondieren? [...] Auch wenn es ein schwieriges Thema ist, hoffe ich doch, dass wir in den kommenden Monaten über die Währungen und das internationale Währungssystem diskutieren werden."
> (Spiegel Online, 2009)

Sarkozy äußerte sich bereits 2007 kritisch gegenüber der Stellung des USD als dieser einen historischen Tiefstand zum Euro erreichte. Die deutsche Bundeskanzlerin Merkel möchte demgegenüber am USD als Leitwährung festhalten und äußerte sich negativ gegenüber einer neuen Leitwährung. Das nächste Treffen der G20 findet am 24. und 25. September in Pittsburgh, Pennsylvania, in den USA statt. Ob das Währungssystem dort zur Debatte stehen wird, ist noch fraglich.

Die Ankündigungen Chinas, Brasiliens und Russlands Anleihen des Internationalen Währungsfonds, die SZR-denominiert sind, im Werte von insgesamt 70 Mrd. $ zu kaufen haben zu einer ersten Reaktion des Währungsfonds geführt. Am 1. Juli gab der IWF Rahmenbedingungen für die Ausgabe von SZR-denominierten Notes heraus. Diese Finanztitel werden erst dann tatsächlich verkauft wenn der IWF einem Mitgliedsstaat einen Kredit gewährt. Nach dem Abschluss eines „Note Purchase Agreement" (NPA) können die am IWF teilnehmenden Zentralbanken oder Finanzbehörden die Notes kaufen. Die Laufzeit beträgt ein bis fünf Jahre. Der variablen Notes-Verzinsung liegt die der SZR als Referenzkurs zugrunde. Die Notes sind handelbar und können somit an andere Institutionen weiterveräußert werden (IMF, 2009d).

Ein Bericht des „Congressional Research Service" für den US-Kongress stellt den möglichen positiven Effekt heraus, dass die Anleihen des Währungsfonds die Stabilität der internationalen Finanzmärkte erhöhen könnten. Es wird allerdings auch die Befürchtung geäußert, dass die Emission von IWF-Anleihen die „federal funds rate" wegen einer schwächeren Nachfrage nach US-Staatsanleihen ansteigen lassen wird und damit die Finanzierung des US-Defizits verteuert (Sanford & Weiss, 2009, S. 13 f.). 2008 wurden 6 % des US-Budgetdefizits mit dem Verkauf von Staatsanleihen finanziert. Prasad geht unter Anbetracht der steigenden Verschuldung von einem Finanzierungsbedarf von knapp 3 Bill. $ aus. Ein verminderter Verkauf von Staatsanleihen wird dann Finanzierungsprobleme nach sich ziehen (Prasad, 2009)

Neben der von den G20-Staaten vereinbarten SZR-Allokation im Wert von 250 Mrd. $ sowie der geplanten Emission von Notes gibt es einen weiteren Schritt in Richtung Aufwertung der SZR. Durch die Ratifizierung der Gerechtigkeitszuteilung durch den US-Kongress wird die bereits 1997 geplante Zuteilung von 21,5 Mrd. SZR jetzt faktisch vollzogen (IMF, 2009c).

Im Juli 2009 meldet sich Wen Jiabao, Premierminister der Volksrepublik China, mit der Ankündigung zu Wort einen Teil der Währungsreserven für Investments staatseigener Unternehmen zu nutzen, um sich an Unternehmen zu beteiligen. Diese Investitionen sollen vor allem in Ländern mit natürlichen Ressourcen erfolgen und in erneuerbare Energien fließen.[12] Diese Ankündigung wird als weiterer Schritt der Devisendiversifizierung gesehen (Anderlini, 2009). Unklar ist die Höhe der Reserven, die aufgelöst werden sollen. Klar ist allerdings die Intention, vom Wert des USD unabhängiger zu werden. Ein weiteres Anzeichen dafür ist die Vereinbarung Chinas über Währungsswaps mit Argentinien, Weißrussland, Hongkong, Malaysia, Südkorea und Indonesien (Cai, 2009). Das Verhalten Chinas passt zu den ersten geäußerten Vermutungen, dass es zu einer Vermögenspreisblase auf dem Markt für US-Staatsanleihen gekommen ist und die Gefahr besteht, dass diese platzt wenn sich die Gläubiger des US-Defizits aus den Anleihen zurückziehen (Müller, 2009). Unabhängig davon, wie viel Gehalt diesen Gedankenspielen beigemessen wird, wird die Intention Chinas den Gang aus der Abhängigkeit vom Dollar zu forcieren immer deutlicher.

4.7 Kritische Würdigung

Mit der von den G20 Staaten in London vereinbarten SZR-Zuteilung ist ein erster Schritt in Richtung Aufwertung der Sonderziehungsrechte getan, der durch die Zustimmung des Kongress in den USA zu der Gerechtigkeitszuteilung und der geplanten IWF-Notes Emission noch verstärkt wurde. Der Bestand an SZR wird

---

[12] Für mehr Informationen zu Chinas FDI Profil siehe: Rosen, D. H.; Hanemann, T. (2009): China's Changing Outbound Foreign Direct Investment Profile: Drivers and Policy Implications. In: PIIE Policy Brief No. PB09-14.

sich nach den Allokationen vervielfacht haben. Damit sind heute bereits zumindest erste Rahmenbedingungen für die Entwicklungen von morgen geschaffen worden.

Auf der Überschussseite stehen heute sowohl Schwellen-, Entwicklungs-, als auch Industriestaaten. Dies ist die Besonderheit der jetzigen Ungleichgewichtssituation und der fundamentale Unterschied zu früheren Situationen (Kregel, 2006, S. 152). Wie Mundell beim Erhalt des Nobelpreises anmerkte hängt die Ausgestaltung des internationalen Währungssystems von der Verteilung der politischen und wirtschaftlichen Macht ab. Die USA waren über Dekaden in diesem Sinne die unangefochtene Nummer eins in der Welt. Diese Situation ändert sich zusehends, zumindest auf der wirtschaftlichen Seite. Gerade asiatische Volkswirtschaften holen mit hohen Wachstumsraten auf. China und Indien kommen den Vereinigten Staaten in ihren wirtschaftlichen Fähigkeiten immer näher. Die USA werden zukünftig zumindest nicht mehr uneingeschränkt die wirtschaftliche Macht in der Welt sein der USD wird damit an Bedeutung verlieren. Solange die Dollar-Konvention aber noch besteht haben die USA die Möglichkeit, das zukünftige System entscheidend mitzugestalten und die eigenen Interessen zu verfolgen. Bezogen auf die Rolle der Sonderziehungs-rechte könnten die USA den Druck verstärken Überschussländer stärker in die Verantwortung zu nehmen, da sie selbst aus strukturellen Gründen wegen ihrer hohen Importelastizität eher ein Importeur und somit Defizitland sind. In einem auf SZR basierenden System kann ein Schuldnerland die Schulden nicht mehr in der eigenen Währung begleichen. Die Gefahr einer Schuldenentwertung durch Inflationierung entfiele.

Unabhängig davon, wie stark die Bedeutung von SZR in der Zukunft zunehmen wird, ist eine Veränderung auf institutioneller Ebene unabdingbar. Der IWF wird die Quoten seiner Mitglieder neu einteilen. Schwellen- und Entwicklungsländer werden einen größeren Stimmanteil erhalten während der von den USA und Europa kleiner wird. Die Staaten, die einen hohen Bestand an Währungsreserven aufweisen, haben dann ein größeres Mitspracherecht.

Ökonomen wie Spahn verweisen bei der Fragestellung nach der Tragfähigkeit der Ungleichgewichtssituation auf die (globale) Bankfunktion, die die USA im heutigen Reservesystem inne hat. Die aktuelle Finanz- und Wirtschaftskrise hat gezeigt, dass ein zu wenig regulierter Bankenmarkt zu nicht mehr steuerbaren „Verwerfungen" führen kann. Auf globaler Ebene (mit den USA als Bank) existiert keine globale Bankenaufsicht, die wachsende Defizite der „Reservebank USA" überwacht.

Es schließt sich die Diskussion an, ob und inwieweit der chinesische Renminbi eine neue Leitwährung werden könnte und sollte. Voraussetzung für eine gesteigerte Bedeutung des RMB ist die Aufgabe des Wechselkurs-Managements und die Konvertibilität der Währung. Dies wird auf kurzfristige Sicht nicht geschehen, die langfristige Entwicklung ist jedoch noch offen. Hinzu kommt, dass der chinesische Finanzmarkt noch nicht tief und offen genug ist. Eine gemeinsame asiatische Währung nach dem Vorbild des Euros, die neben dem Dollar eine zweite Leitwährung stellen könnte ist ebenfalls vorstellbar. Aiyar sieht demzufolge nicht in Sonderziehungsrechten, sondern im RMB die Herausforderung der Zukunft für den US-Dollar (Aiyar, 2009, S. 13).

Der Erfolg von Sonderziehungsrechten ist mit der Existenz einer handlungsfähigen Institution verknüpft. Der IWF muss seine Legitimationskrise überwinden und sich nach der Quotenreform seiner Aufgaben bewusst sein. Generell gilt es die Kooperation von internationalen Institutionen und Zentral-banken den veränderten Rahmenbedingungen anzupassen, u. a. die PBoC zu integrieren (Simmons, 2006, S. 16 f.). Eine Rolle können hier auch die „Bank für internationalen Zahlungsausgleich" und das „Financial Stability Board"[13] (FSB) spielen. Im FSB sind die Finanzministerien, Notenbanken und weitere Institutionen der wichtigsten Nationen vertreten. Zudem haben Treffen der G8-Staaten ausgedient. Globale Probleme müssen unter Einbezug der wichtigsten Schwellenländer und schneller wachsenden aufstrebenden Volkswirtschaften stattfinden.

Eine Wertdeckung von Sonderziehungsrechten erscheint nach den Erfahrungen der Vergangenheit wenig fortschrittlich, beinhaltet neue Gefahren und ist kostenintensiv. Sollte die internationale Gemeinschaft tatsächlich in der Lage sein sich auf ein SZR basiertes System zu einigen ist eine Wertdeckung der SZR z.B. über Rohstoffe nicht weiter notwendig. Von einem nennenswerten Ausfallrisiko kann dann nicht mehr gesprochen werden.

Unabhängig von der zukünftigen Bedeutung von Sonderziehungsrechten sollte das Bewusstsein geschaffen werden, dass sowohl Schuldner als auch Gläubiger eine symmetrische Verantwortung und Verpflichtung haben ein globales Gleichgewicht herzustellen. Der alleinige Fokus auf die bilateralen Zusammenhänge von China und den USA ist nicht ausreichend. In der bisherigen Geschichte der Währungsordnung lässt sich nicht feststellen, dass dieser

---

[13] Das FSB ging nach dem Treffen der G20 in London aus dem Financial Stability Forum hervor. Dieses wurde 1999 von den damaligen G7 Staaten zur Sicherstellung von Finanzmarktstabilität gegründet. Zusammengesetzt ist dieses Forum durch nationale Behörden, internationale Finanzinstitutionen, wie die Weltbank und die BIZ, Regulierungs- und Aufsichtsgruppen, Zentralbankexperten und der Europäischen Zentralbank (EZB) selbst.

Gedanke mit einbezogen wurde. Der Verweis Zhou's auf Keynes' Bancor-Plan lässt hoffen, dass dieser Kerngedanke Keynes' aufgegriffen wird. Werden SZR gemäß Keynes' Kerngedanken genutzt könnten Krisen, die durch die Verschiebung von Leistungsbilanzdefiziten verursacht werden, verhindert werden. Eine Regelung, die die Zahlung von Gebühren bei einem zu großen Defizit oder Überschuss vorsieht, sorgt für einen automatischen Anpassungs-prozess. Wenn ein Land wie Japan oder die Bundesrepublik Deutschland auf Leistungsbilanzüberschüsse angewiesen ist muss es lediglich einen Zins auf den Teil des Überschusses zahlen, der die vorher festgelegte Maximalgrenze überschreitet. Ein Übertreiben einer „export-led" Strategie wird so verhindert. Der Überschuss des einen ist das Defizit des anderen und umgekehrt. Nach Keynes ist ein Gläubigerstaat dies nicht gegenüber einem einzelnen Staat (wie China gegenüber den USA), sondern „*against the rest of the world as a whole*" (Keynes, 1943, S. 47). Statt von einer bilateralen, muss von einer multilateralen Perspektive ausgegangen werden.

Für die Zukunft gilt zu hoffen, dass die nationalen Regierungen mehr global als national denken und handeln und die Reformpotentiale von Sonderziehungsrechten zur Lösung des Reservewährungsland-Problems nutzen. Schließlich handelt es sich um ein globales Problem.

5 Fazit

Die vorliegende Arbeit geht der Frage nach, ob eine Reform der Sonderziehungsrechte das Potential besitzt, das bestehende Reservewährungsland-Problem zu lösen und die Dominanz des US-Dollars zu beenden. Es wird gezeigt, dass aus makroökonomischer Sicht eine ausreichende Zahl an Gründen vorliegt, das gegenwärtige System zu reformieren. Nicht zuletzt die hohen Kosten, die mit dem heutigen System verbunden sind, sind hier zu nennen.

Technisch gesehen gibt es keinen Grund SZR nicht ins Zentrum einer neuen Währungsordnung zu stellen. Erste Schritte sind getan. Die Gerechtigkeitszuteilung ist auf den Weg gebracht, SZR dienen zur Bekämpfung der Wirtschafts-krise und die Pläne zur Emission von SZR-denominierten IWF-Notes sind beschlossene Sache. Nun ist es Aufgabe der politischen Entscheidungsträger die sich bietende Chance zu ergreifen und die Stellung der SZR weiter auszubauen. Wie Williamson schildert haben sich fundamentale Veränderungen des Systems immer aus einer Krise heraus entwickelt. Chinas Vorschlag kann ein Indikator für eine schwächelnde Konvention, bzw. den koordinierten oder im schlechtesten Fall auch unkoordinierten Ausstieg aus dem USD sein. Die jetzige Krise auf den globalen Finanzmärkten und die Weltrezession bieten den nötigen Veränderungsdruck und –spielraum.

Mit der Volksrepublik China wächst zudem eine Wirtschaftsmacht heran, die ein eigenes Interesse an einer Reformierung des Weltwährungssystems hat, dies politisch artikuliert und im Besitz immenser Reserven ist, mit denen es in der Lage ist, das derzeitige System zu „erschüttern" und einen Veränderungsprozess zu forcieren. Veränderungen sind aber nur langsam möglich. Marktteilnehmer müssen Vertrauen in die Wertstabilität der SZR und das Funktionieren des Systems gewinnen. SZR in das Zentrum der Weltwährungsordnung zu stellen ist nur dann möglich, wenn sich der Markt selbst dorthin entwickelt.

Ein Ende der Dollar-Dominanz ist aber auch bei einer starken Aufwertung der Sonderziehungsrechte kurz- und mittelfristig nicht zu erwarten. Die Stärke und Tiefe des US-Finanzmarkts sind zu groß, um zeitnah abgelöst zu werden. Eine langsame Entwicklung zu einem SZR-System scheint jedoch nicht nur möglich, sondern hat bereits begonnen. Nach realisierten Anleihe-Emissionen und einem gewachsenen Vertrauen in die Funktionsweise und Stabilität von SZR und der verwaltenden Institution, des IWF, könnte als nächster Schritt auf der Reform-Agenda die Handelbarkeit von SZR auch für Private stehen.

Die jetzige Ungleichgewichtssituation ist das Symptom des Reservewährungsland-Problems, wenn diese behoben wird, bleibt das Problem trotzdem weiterhin bestehen. Ohne das Bewusstsein, dass es symmetrische Verpflichtungen auf multilateraler Ebene gibt, kann auch ein SZR-System keinen langfristigen Erfolg haben. Keynes' Idee der „Besteuerung" von zu hohen Bilanzüberschüssen und -defiziten, um diese Verpflichtungen zu erzwingen, lässt sich mit einem multilateralen Vertrag, einer starken Institution und gestärkten Sonderziehungsrechten verwirklichen. Der mögliche Erfolg von SZR ist somit eng mit den Veränderungen auf institutioneller Ebene verbunden.

Anhang

Der chinesische Reformvorschlag

Reform the International Monetary System (Zhou Xiaochuan)
The outbreak of the current crisis and its spillover in the world have confronted us with a long-existing but still unanswered question,i.e., what kind of international reserve currency do we need to secure global financial stability and facilitate world economic growth, which was one of the purposes for establishing the IMF? There were various institutional arrangements in an attempt to find a solution, including the Silver Standard, the Gold Standard, the Gold Exchange Standard and the Bretton Woods system. The above question, however, as the ongoing financial crisis demonstrates, is far from being solved, and has become even more severe due to the inherent weaknesses of the current international monetary system.

Theoretically, an international reserve currency should first be anchored to a stable benchmark and issued according to a clear set of rules, therefore to ensure orderly supply; second, its supply should be flexible enough to allow timely adjustment according to the changing demand; third, such adjustments should be disconnected from economic conditions and sovereign interests of any single country. The acceptance of credit-based national currencies as major international reserve currencies, as is the case in the current system, is a rare special case in history. The crisis again calls for creative reform of the existing international monetary system towards an international reserve currency with a stable value, rule-based issuance and manageable supply, so as to achieve the objective of safeguarding global economic and financial stability.

I. The outbreak of the crisis and its spillover to the entire world reflect the inherent vulnerabilities and systemic risks in the existing international monetary system.

Issuing countries of reserve currencies are constantly confronted with the dilemma between achieving their domestic monetary policy goals and meeting other countries' demand for reserve currencies. On the one hand, the monetary authorities cannot simply focus on domestic goals without carrying out their international responsibilities on the other hand, they cannot pursue different domestic and international objectives at the same time. They may either fail to adequately meet the demand of a growing global economy for liquidity as they try to ease inflation pressures at home, or create excess liquidity in the global markets by overly stimulating domestic demand. The Triffin Dilemma, i.e., the issuing countries of reserve currencies cannot maintain the value of the reserve currencies while providing liquidity to the world, still exists.

When a national currency is used in pricing primary commodities, trade settlements and is adopted as a reserve currency globally, efforts of the monetary authority issuing such a currency to address its economic imbalances by adjusting exchange rate would be made in vain, as its currency serves as a benchmark for many other currencies. While benefiting from a widely accepted reserve currency, the globalization also suffers from the flaws of such a system. The frequency and increasing intensity of financial crises following the collapse of the Bretton Woods system suggests the costs of such a system to the world may have exceeded its benefits. The price is becoming increasingly higher, not only for the users, but also for the issuers of the reserve currencies. Although crisis may not necessarily be an intended result of the issuing authorities, it is an inevitable outcome of the institutional flaws.

II. The desirable goal of reforming the international monetary system, therefore, is to create an international reserve currency that is disconnected from individual nations and is able to remain stable in the long run, thus removing the inherent deficiencies caused by using credit-based national currencies.

1. Though the super-sovereign reserve currency has long since been proposed, yet no substantive progress has been achieved to date. Back in the 1940s, Keynes had already proposed to introduce an international currency unit named "Bancor", based on the value of 30 representative commodities. Unfortunately, the proposal was not accepted. The collapse of the Bretton Woods system, which was based on the White approach, indicates that the Keynesian approach may have been more farsighted. The IMF also created the SDR in 1969, when the defects of the Bretton Woods system initially emerged, to mitigate the inherent risks sovereign reserve currencies caused. Yet, the role of the SDR has not been put into full play due to limitations on its allocation and the scope of its uses. However, it serves as the light in the tunnel for the reform of the international monetary system.

2. A super-sovereign reserve currency not only eliminates the inherent risks of credit-based sovereign currency, but also makes it possible to manage global liquidity. A super-sovereign reserve currency managed by a global institution could be used to both create and control the global liquidity. And when a country's currency is no longer used as the yardstick for global trade and as the benchmark for other currencies, the exchange rate policy of the country would be far more effective in adjusting economic imbalances. This will significantly reduce the risks of a future crisis and enhance crisis management capability.

III. The reform should be guided by a grand vision and begin with specific deliverables. It should be a gradual process that yields win-win results for all

The reestablishment of a new and widely accepted reserve currency with a stable valuation benchmark may take a long time. The creation of an international currency unit, based on the Keynesian proposal, is a bold initiative that requires extraordinary political vision and courage. In the short run, the international community, particularly the IMF, should at least recognize and face up to the risks resulting from the existing system, conduct regular monitoring and assessment and issue timely early warnings.

Special consideration should be given to giving the SDR a greater role. The SDR has the features and potential to act as a super-sovereign reserve currency. Moreover, an increase in SDR allocation would help the Fund address its resources problem and the difficulties in the voice and representation reform. Therefore, efforts should be made to push forward a SDR allocation. This will require political cooperation among member countries. Specifically, the Fourth Amendment to the Articles of Agreement and relevant resolution on SDR allocation proposed in 1997 should be approved as soon as possible so that members joined the Fund after 1981 could also share the benefits of the SDR. On the basis of this, considerations could be given to further increase SDR allocation.

The scope of using the SDR should be broadened, so as to enable it to fully satisfy the member countries' demand for a reserve currency.

Set up a settlement system between the SDR and other currencies. Therefore, the SDR, which is now only used between governments and international institutions, could become a widely accepted means of payment in international trade and financial transactions.

Actively promote the use of the SDR in international trade, commodities pricing, investment and corporate book-keeping. This will help enhance the role of the SDR, and will effectively reduce the fluctuation of prices of assets denominated in national currencies and related risks.

Create financial assets denominated in the SDR to increase its appeal. The introduction of SDR-denominated securities, which is being studied by the IMF, will be a good start.

Further improve the valuation and allocation of the SDR. The basket of currencies forming the basis for SDR valuation should be expanded to include currencies of all major economies, and the GDP may also be included as a weight. The allocation of the SDR can be shifted from a purely calculation-based system to a system backed by real assets, such as a reserve pool, to further boost market confidence in its value.

IV. Entrusting part of the member countries' reserve to the centralized management of the IMF will not only enhance the international community's ability to address the crisis and maintain the stability of the international monetary and financial system, but also significantly strengthen the role of the SDR.

1. Compared with separate management of reserves by individual countries, the centralized management of part of the global reserve by a trustworthy international institution with a reasonable return to encourage participation will be more effective in deterring speculation and stabilizing financial markets. The participating countries can also save some reserve for domestic development and economic growth. With its universal membership, its unique mandate of maintaining monetary and financial stability, and as an international "supervisor" on the macroeconomic policies of its member countries, the IMF, equipped with its expertise, is endowed with a natural advantage to act as the manager of its member countries' reserves.

2. The centralized management of its member countries' reserves by the Fund will be an effective measure to promote a greater role of the SDR as a reserve currency. To achieve this, the IMF can set up an open-ended SDR-denominated fund based on the market practice, allowing subscription and redemption in the existing reserve currencies by various investors as desired. This arrangement will not only promote the development of SDR-denominated assets, but will also partially allow management of the liquidity in the form of the existing reserve currencies. It can even lay a foundation for increasing SDR allocation to gradually replace existing reserve currencies with the SDR.

Literaturverzeichnis

Adebahr, H. (1990). *Währungstheorie und Währungspolitik*. Berlin: Duncker & Humblot.

Aiyar, S. (2009). An International Monetary Fund Currency to Rival the Dollar? *Center for Global Liberty and Prosperity. Development Policy Analysis No. 10* , S. 1-16.

Aizenman, J., & Lee, J. (2007). International Reserves: Precautionary Versus Mercantilist Views, Theory and Evidence. *Open Economies Review* , 191-214.

Alessandrini, P., & Fratianni, M. (2009). Resurrecting Keynes to Stabilize the International Monetary System. *Open Economies Review* , S. 339-358.

Anderlini, J. (2009). *China to deploy foreign reserves*. Abgerufen am 22. Juli 2009 von Financial Times Online: http://www.ft.com/cms/s/0/b576ec86-761e-11de-9e59-00144feabdc0.html

Auster, P. (1997). *Von der Hand in den Mund*. Reinbek.

Bergsten, C. F. (2007). *How to Solve the Problem of the Dollar*. Abgerufen am 5. Juli 2009 von Peterson Institute for International Economics: http://www.iie.com/publications/opeds/oped.cfm?ResearchID=854

Bergsten, C. F. (2009). *We Should Listen to Beijing's Currency Idea*. Abgerufen am 23. Juni 2009 von Peterson Institute for International Economics: http://www.iie.com/publications/opeds/oped.cfm?ResearchID=1180

Bernanke, B. (2007). *Speech at the Bundesbank Lecture, Berlin, Germany, September 11, 2007*. Abgerufen am 12. Juni 2009 von Global Imbalances: Recent Developments and Prospects: http://www.asbaweb.org/E-News/enews-11/NL%20Ingles/08-Bernanke-Global%20Imbalances.pdf

Bernanke, B. (2005). *The Global Saving Glut and the U.S. Current Account Deficit*. Abgerufen am 10. Mai 2009 von The Federal Reserve Board: http://www.federalreserve.gov/boarddocs/speeches/2005/200503102/#t1

Betz, T. (2002). Keynes "International Clearing union" Modell für den Markt von morgen. *Vortrag im Rahmen des Symposiums "Regionalisierung einer globalen Wirtschaft durch neutrales Geld" am 29. Juni 2002 im Lebensgarten Steyerberg*.

Bibow, J. (2009). Internationale Währungsunordnung im Umbruch: Wie würde Keynes die globalen Zahlungsbilanzungleichgewichte unserer Zeit bewerten? In J. Kromphardt, & H.-P. Spahn, *Die aktuelle*

Währungsunordnung: Analysen und Reformvorschläge (S. 109-147). Marburg: Metropolis Verlag.

BIZ. (2007). *77. Jahresbericht. Bank für Internationalen Zahlungsausgleich*. Basel.

BIZ. (2008). *78. Jahresbericht. Bank für Internationalen Zahlungsausgleich.* Basel.

BIZ. (2009). *79. Jahresbericht. Bank für Internationalen Zahlungsausgleich.* Basel.

Boughton, J. M. (2007). *Third time lucky for scheme to support dollar?* Abgerufen am 10. 7 2009 von Financial Times Online: http://www.ft.com/cms/s/0/c5f8c89a-a9e7-11dc-aa8b-0000779fd2ac.html

Cai, H. (2009). *Use IMF bonds cash to fight crisis.* Abgerufen am 25. Mai 2009 von China Daily Online: http://www.chinadaily.com.cn/china/2009-04/27/content_7718005.htm

Clark, P. B., & Polak, J. J. (2004). International Liquidity and the Role of the SDR in the International Monetary System. *IMF Staff Papers Vol. 51, No. 1*, S. 47-71.

Coats, W. (2009). *Time for a new Global Currency?* Berkeley Electronic Press.

D'Arista, J. (2004). Dollars, debt, and dependence: the case for international monetary reform. *Journal of the Post Keynesian Economics. Summer, Vol. 26, No. 4*, S. 557-572.

Deutsche Bundesbank. (2003). *Weltweite Organisationen und Gremien im Bereich von Währung und Wirtschaft.* Frankfurt a.M.

Dooley, M. P., Folkerts-Landau, D., & Garber, P. M. (2003). *An Essay on the Revived Bretton Woods System.* Cambridge: National Bureau of Economic Research.

Dooley, M. P., Folkerts-Landau, D., & Garber, P. M. (2009). *Bretton Woods II Still Defines The International Monetary System.* Cambridge: National Bureau of Economic Research.

Eichengreen, B. J. (2007). *Global Imbalances and the Lessons of Bretton Woods.* Cambridge: MIT-Press.

Eichengreen, B. J. (2004). *The Dollar and the New Bretton Woods System.* Henry Thornton Lecture delivered at the Cass School of Business, 15. December 2004.

Eichengreen, B. J. (1999). *Toward a new International Financial Architecture. A Partical Post-Asia Agenda.* Washington, DC: Institute for International Economics.

G20. (2009). *London Summit.* Abgerufen am 7. Juli 2009 von http://www.londonsummit.gov.uk/resources/en/PDF/final-communique

G8. (2009). *PROMOTING THE GLOBAL AGENDA*. L'Aquila: Joint Declaration: Promoting the Global Agenda.

Gräf, B. (2007). *US-Leistungsbilanzdefizit: Keine Panik!* Frankfurt am Main: Deutsche Bank Research.

Greenspan, A. (1999). *The Federal Reserve Board*. Abgerufen am 25. Juli 2009 von Remarks by Chairman Alan Greenspan. Currency reserves and debt: http://www.federalreserve.gov/BoardDocs/Speeches/1999/19990429.htm

Greenwald, B., & Stiglitz, J. (2006). *A Modest Proposal for International Monetary Reform*.

Handler, H. (2008). *Vom Bancor zum Euro. Und weiter zum Intor?* WIFO Working Papers, Nr. 317.

IMF. (2009a). *IMF Executive Directors and Voting Power*. Abgerufen am 13. Juli 2009 von http://imf.org/external/np/sec/memdir/eds.htm

IMF. (2009b). *IMF Governors Formally Approve US$250 Billion General SDR Allocation*. Abgerufen am 15. August 2009 von Press Release No. 09/283: http://www.imf.org/external/np/sec/pr/2009/pr09283.htm

IMF. (2009c). *IMFSurvey Magazine: In the News*. Abgerufen am 22. Juli 2009 von U.S. Congress Vote Marks Big Step For IMF Reform, Funding: http://www.imf.org/external/pubs/ft/survey/so/2009/NEW061809A.htm

IMF. (2009d). *Issuance of IMF Notes*. Abgerufen am 1. Juli 2009 von A Factsheet: http://www.imf.org/external/np/exr/facts/imfnotes.htm

IMF. (2009e). *Jahresbericht*.

IMF. (2009f). *Special Drawing Rights (SDRs)*. Abgerufen am 14. August 2009 von Factsheet: http://www.imf.org/external/np/exr/facts/sdr.htm

IMF. (2009g). *World Economic Outlook*.

Keynes, J. M. (1943). Activities 1940-1944: Shaping the Post-War World The Clearing Union. *The Collected Writing of Jahn Maynard Keynes, Bd. XXV 1980*. London and Basingstoke: The Royal Economic Society.

King, M. (2004). The Institutions of Monetary Policy. *American Economic Review Vol. 94, No. 2*, S. 1-13.

Kregel, J. A. (2006). Understanding Imbalances in a Globalised International Economic System. In J. D´Arista, & andere, *Global Imbalances and the US Debt Problem - Should Developing Countries Support the US Dollar?* The Hague: Fondad.

Krugman, P. R., & Obstfeld, M. (2006). *Internationale Wirtschaft. Theorie und Politik der Außenwirtschaft*. München u.a.: Pearson Studium.

McCallum. (2009). *China, the U.S. Dollar, and SDRs*. Prepared for Shadow Open Market Committee Meeting of April 24, 2009.

McKinnon, R., & Schnabl, G. (2003). *China: A Stabilizing or Deflationary Influence in East Asia? The Problem of Conflicted Virtue*. Abgerufen am 15. Mai 2009 von Stanford University: http://www.stanford.edu/~mckinnon/papers/China.pdf

Muchlinski, E. (2009). Die gegenwärtige Problematik der Weltwährungsreserven im Lichte der Vorschläge von Keynes. In J. Kromphardt, & H.-P. Spahn, *Die aktuelle Währungsunordnung: Analysen und Reformvorschläge* (S. 151-174). Marburg: Metropolis Verlag.

Muchlinski, E. (2005). Kontroversen in der internationalen Währungspolitik. Retrospektive zu Keynes-White-Boughton & IMF. *Intervention, Zeitschrift für Ökonomie Nr. 2/1* , S. 57-73.

Müller, D. (2009). *Flucht aus US-Anleihen. Die nächste Millionenblase droht zu platzen*. Abgerufen am 21. Juli 2009 von Spiegel Online: http://www.spiegel.de/wirtschaft/0,1518,637086,00.html

Mundell, R. A. (1999). *A Reconsideration of the twentieth century*.

Mundell, R. A. (1997). *The International Monetary System in the 21st Century: Could Gold Make a Comeback?* Columbia University: Lecture delivered at St. Vincent College, Letrobe, March 12.

Ocampo, J. A. (2007). *The Instability and Inequities of the Global reserve System*. DESA Working Paper No. 59.

PBoC. (2009). *Gold & Foreign Exchange Reserves*. Abgerufen am 23. August 2009 von PBoC Online: http://www.pbc.gov.cn/english/diaochatongji/tongjishuju/gofile.asp?file=2009S09.htm

Piffaretti, N. F. (2008). *Reshaping the International Monetary Architecture and Addressing Global Imbalances: Lessons from the Keynes Plan*. Abgerufen am 7. Juli 2009 von Munich Personal RePEc Archive: http://mpra.ub.uni-muenchen.de/12165/1/MPRA_paper_12165.pdf

Prasad, E. (2009). *Details and Implications of IMF Bonds*. Brookings Institution.

Rodrik, D. (2005). *The Social Cost of Foreign Exchange Reserves*. Harvard University.

Rose, F.-J. (1995). *Der Internationale Währungsfonds und die Weltbankgruppe*. Paderborn: Univ.-GH Paderborn.

Sachs, J. (2009). *The G20 Summit: Accomplishments beyond expectation*. Abgerufen am 2009. Juli 7 von VOX: http://www.voxeu.org/index.php?q=node/3410

Sanford, J. E., & Weiss, M. A. (2009). *The Global Financial Crisis: Increasing IMF Resources and the Role of Congress*. Congressional Research Service.

Setton, D., & Kubitza, M. (2007). *Machtpolitik und Rechentricks. Von den Irrungen und Wirrungen der IWF-STimmrechtsreform.* Berlin: weed Hintergrund.

Siebert, H. (2006). International Exchange Rate Systems - Where do we stand? *Kiel Working Paper No. 1288* .

Siebert, H., & Lorz, O. (2006). *Außenwirtschaft.* Stuttgart: Lucius & Lucius.

Simmons, B. A. (2006). *The future of central bank cooperation.* BIS Working Papers No. 200, February 2006 .

Soros, G. (2009). Weißer Fleck auf der G20-Agenda: das Potential der Sonderziehungsrechte. *Informationsbrief Weltwirtschaft & Entwicklung. Hintergrund* , S. 1-3.

Spahn, H.-P. (2009). Fundamentaler Dollar-Kurs und Tragfähigkeit des US-Leistungsbilanzdefizits. In J. Kromphardt, & H.-P. Spahn, *Die aktuelle Währungsunordnung: Analysen und Reformvorschläge* (S. 23-50). Marburg: Metropolis Verlag.

Spiegel Online. (2009). *Sarkozy stellt Dollar als Leitwährung in Frage.* Abgerufen am 10. 7 2009 von http://www.spiegel.de/wirtschaft/0,1518,635379,00.html

Stiglitz, J. (2006). *Die Chancen der Globalisierung.* München: Pantheoun.

Suhr, D., & Godschalk, H. (1986). *Optimale Liquidität. Eine liquiditätstheoretische Analyse und ein kreditwirtschaftliches Wettbewerbskonzept.* Frankfurt am Main: Fritz Knapp Verlag.

Summers, L. H. (2004). *The U.S. Current Account Deficit and the Global Economy.* Washington, DC: The Per Jacobsson Foundation Lecture.

Triffin, R. (1960). *Gold and the dollar crisis.* New Haven: Yale University Press.

UN. (2009). *Conference on the World Financial and Economic Crisis and Its Impact on Development.* Draft outcome document of the Conference, New York.

UN. (2005). *World Economic Outlook and Prospects 2005.* New York.

Walter, F.-R. (1974). *Sonderziehungsrechte.* Berlin: Duncker & Humblot.

Williamson, J. (2005). *Reforms to the International Monetary Reform.* Background paper written for the World Economic Forum.

Williamson, J. (2009). *Understanding Special Drwaing Rights (SDRs).* Washington DC: Peterson Institue for International Economics.

Winkler, A. (2008). Globale Ungleichgewichte, Wechselkursregime und Finanzkrise. *Wirtschaftsdienst* , S. 723-731.

Wyplosz, C. (2007). *The Foreign Exchange Reserves Buildup: Business as Usual.* Graduate Institue of International Studies and CEPR.

Zedillo, E. (2001). *Financing for Development.* New York: United Nations.

Zhou, X. (2009). *Reform the International Monetary System.* Abgerufen am 7. Juli 2009 von People's Bank of China: http://www.pbc.gov.cn/english//detail.asp?col=6500&ID=178